科学之美

解码纯理性终极浪漫

丁勇 李昕 主编

电子工业出版社
Publishing House of Electronics Industry
北京·BEIJING

未经许可，不得以任何方式复制或抄袭本书之部分或全部内容。
版权所有，侵权必究。

图书在版编目（CIP）数据

科学之美：解码纯理性终极浪漫 / 丁勇, 李昕主编.
北京：电子工业出版社, 2025. 8. -- ISBN 978-7-121
-50762-5

Ⅰ. Z228

中国国家版本馆CIP数据核字第2025C8N825号

责任编辑：赵英华　杨祺涛
印　　刷：北京利丰雅高长城印刷有限公司
装　　订：北京利丰雅高长城印刷有限公司
出版发行：电子工业出版社
　　　　　北京市海淀区万寿路173信箱　　邮编：100036
开　　本：880×1230　1/16　印张：18　字数：518.4千字
版　　次：2025年8月第1版
印　　次：2025年11月第2次印刷
定　　价：168.00元

凡所购买电子工业出版社图书有缺损问题，请向购买书店调换。若书店售缺，请与本社发行部联系，联系及邮购电话：（010）88254888，88258888。
质量投诉请发邮件至zlts@phei.com.cn，盗版侵权举报请发邮件至dbqq@phei.com.cn。
本书咨询联系方式：（010）88254161～88254167转1897。

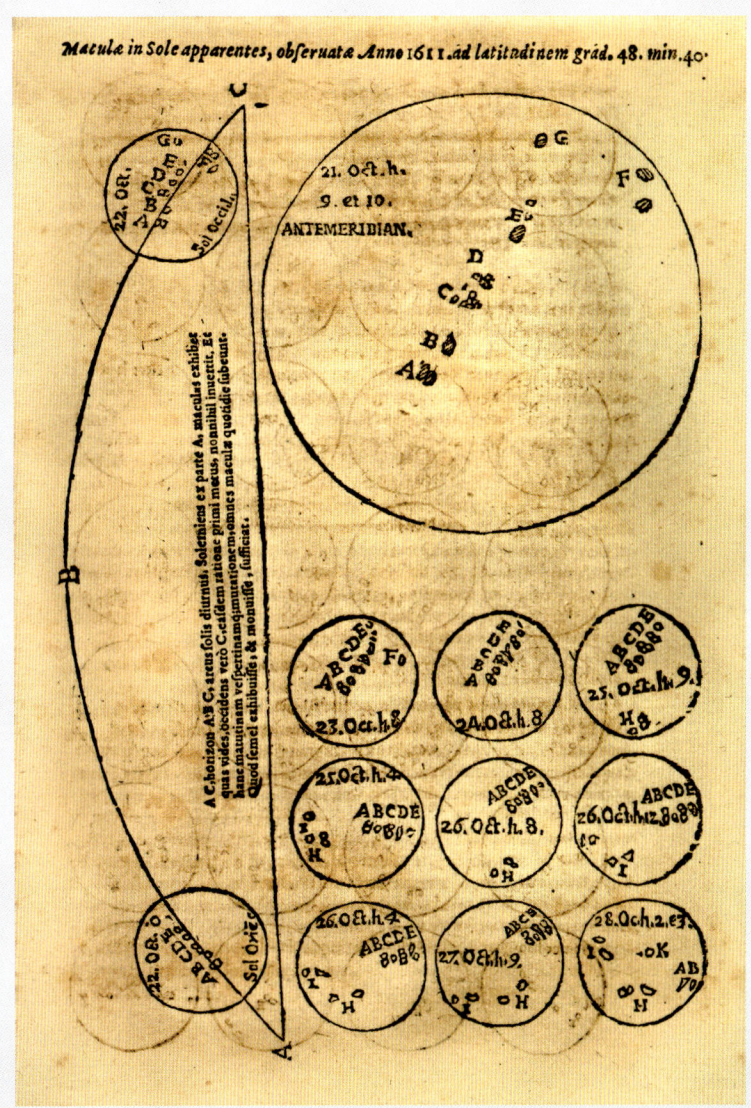
▲ 伽利略在 1613 年发表的《关于太阳黑子的信》。
视觉中国

编委会

主　　编： 丁　勇　李　昕

总 策 划： 陈维成　柴继军

执行主编： 高　博　杨　磊

编　　委： 金　鑫　尹树国　付萌萌　李　磊　刘　倩　梁　奇

主　　笔： 赵　恺

图片编辑： 刘　悦　宋　岩　张若怡　马文轩　武少琴

推荐序
浪漫交织的真实

摄影术自 19 世纪诞生起便是科学与艺术的共生体。从尼埃普斯记录窗外的光影，到达盖尔银版定格巴黎街景，摄影最初的技术突破皆源于对光与化学的深刻理解。而它传入中国的历程，恰是近代史的一面棱镜——19 世纪，传教士的肖像相机、战地记者的镜头，既记录下山河破碎的痛楚，也催生了国人"师夷长技"的觉醒。百余年来，摄影在中国始终承担着双重使命：既是社会变革的见证者，又是文明传承的参与者。

科学摄影的兴起，标志着摄影本体价值的回归。当显微镜头对准病毒蛋白质外壳的几何阵列，当航天相机捕捉月球背面陨石坑的明暗交界，摄影不再停留于"记录工具"的表层意义。它成为科学家解读自然密码的显微镜，亦是艺术家重构认知维度的万花筒。《科学之美——解码纯理性终极浪漫》中，这些影像共同诠释着这种双重属性：詹姆斯·韦布空间望远镜传回的星系碰撞图，既验证了广义相对论的预言，又复现了创世神话的壮丽；高像素多光谱摄影复原的画作，在剥落的色彩里叩响文明的心跳。这些作品证明，高阶的科学探索必然蕴含美学自觉，正如爱因斯坦坚信："真正的科学和真正的音乐需要同一种思维过程。"

当下，影像技术正经历颠覆性变革。手机摄影让全民成为创作者，AI 算法能生成以假乱真的图像，计算摄影甚至能"拍摄"不可见的光谱。但在"技术狂欢"中，我们更需珍视科学摄影的"笨拙真实"——为记录火山熔岩的流动轨迹，摄影师在硫磺浓烟中架设耐高温设备；为捕捉雪花的晶体生长，摄影师要重复上百次的失败。这种对真实的坚守，恰是摄影最珍贵的"人性温度"。本书中的影像每一帧都是光与物、人与自然的直接对话。在算法解构真实的时代，它们稳固着摄影的本质：用镜头拓展认知边疆，以影像建构集体记忆。

中国摄影人历来有"经世致用"的传统。20 世纪 30 年代，庄学本用镜头丈量边疆民族的生活；60 年代，翁乃强用反转片记录社会变迁。本书延续了这一脉络——它不仅是视觉的盛宴，更是思维的革命。当读者凝视 DNA 链的螺旋结构，或许会想起《周易》的阴阳相生；当看到古生物化石的纹路，或能感悟《考工记》中"天有时，地有气"的东方智慧。这种跨越时空的对话，正是科学摄影的终极魅力：它让公式有了体温，让数据绽放诗意。每个观看者都成为科学之美的解码者。毕竟，摄影的未来不在算法生成的虚像里，而在理性与浪漫交织的真实中。

中国摄影家协会主席　李舸

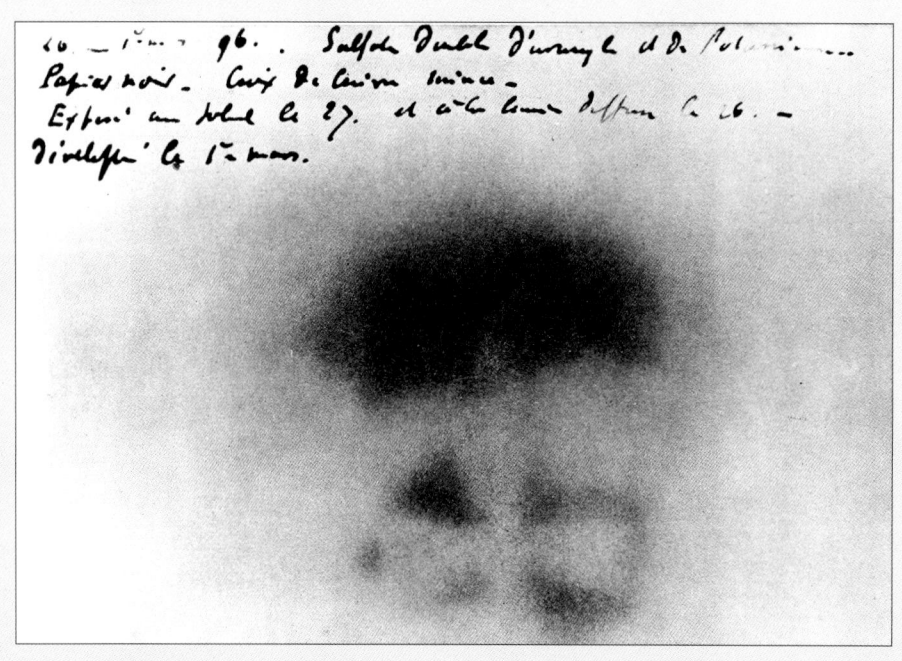

▲ 安托万·亨利·贝克勒尔（Antoine Henri Becquerel），法国物理学家，1903年与P.居里、M.居里共同获得诺贝尔物理学奖。图为核辐射导致底片曝光的图像，以及贝克勒尔的手写笔记，约1896年。视觉中国

前言
看见不可见之美

当科学的理性之光穿透迷雾，与艺术的感性之眼深情凝视，一个深邃而瑰丽的世界便在我们面前徐徐展开。这本《科学之美》科技图片集，正是北京市科学技术协会携手视觉中国，以光影为笔、以探索为墨，共同谱写的一曲科学与视觉的交响诗篇。

在人类文明的星河里，科学与艺术始终交相辉映。科学之美，从来不止于公式的简洁与逻辑的严谨。它是显微镜下晶体生长时迸发的璀璨几何，是天文望远镜中星云诞生时弥漫的瑰丽色彩，是卫星俯瞰大地时勾勒的壮阔脉络，亦是实验仪器捕捉到微妙瞬间时展现的震撼力量。这些影像将无形的规律化为有形的图景，将抽象的理论凝为具象的瞬间，让深奥的科学知识拥有了可触可感的温度与令人屏息的视觉张力。

这些摄影作品将转瞬即逝的科学奇迹升华为跨越时空的艺术经典，从理性的探索中绽放出感性的美学，用光影与构图谱写着无声的诗篇。我们精心遴选、汇聚于此的每一帧画面，既是对宇宙万物精妙秩序的礼赞，也是对无数科研工作者智慧与汗水最直观的致敬。更重要的是，这些震撼心灵的科技影像，是传播科学、沟通公众最有力的桥梁。它们不仅仅是静态的瞬间时刻记录，更是动态的故事载体。翻开这本书，仿佛推开一扇通往多维美学世界的秘门：一张张记录深空探测壮举的图片，诉说着人类挑战未知边界的勇气与雄心；一组组揭示微观生命奥秘的影像，传递着对生命本质的深刻理解与敬畏；一幅幅呈现尖端工程奇迹的航拍，则映射着科技如何重塑山河、改变生活。每一幅画面背后，都蕴藏着激动人心的科技事件、前沿深邃的科学内容，以及科技发展对社会进步产生的深远涟漪。我们期望通过这些影像，不仅让您感受到视觉的震撼，更能激发您去探寻其背后的科学原理、技术突破及其如何深刻地影响着我们文明的进程与日常的体验。

北京市科学技术协会始终致力于搭建科学与公众理解的坚实平台，视觉中国则以卓越的影像力量拓展着人们认知的边界。此次合作，正是双方优势的完美融合，旨在以最直观、最动人的方式，拉近尖端科技与普罗大众的距离。我们诚挚邀请您翻开这本图集，以"看见"为起点，开启一场科学与艺术交织的发现之旅。愿您在这些定格的瞬间里，不但能领略到令人心醉的"科学之美"，触摸到科学与艺术相交的灵魂，更能感受到科学探索永恒的魅力、科技创新的澎湃动力，以及科学精神照亮人类未来的无限希望。

北京市科学技术协会

PVIII~IX
这张照片名为《窗外》，由约瑟夫·尼塞福尔·尼埃普斯拍摄于1826年。目前，它被认为是已知最古老的永久性照片之一。尼埃普斯采用了一种名为"日光蚀刻法"（Heliography）的技术，通过在暗箱中曝光涂有沥青的锡合金板，利用光线硬化沥青的特性记录影像。由于当时感光材料的灵敏度极低，这张照片的曝光时间长达8小时，因此画面中的光影效果显得独特而柔和。尽管画面模糊，但仍能辨认出窗外的屋顶、树木和天空的轮廓。这张照片不仅是摄影史上的里程碑，也为后来的达盖尔银版法等摄影技术的发展奠定了基础。视觉中国

PX~XI
这是一张记录了太阳在天空中6个月的移动轨迹的针孔摄影照片。曝光从2011年12月21日开始，到2012年6月21日结束。太阳的相对运动被记录在一张图像中。此照片拍摄于美国纽约州罗切斯特市。所谓日月如梭，或许便是这般模样吧！视觉中国

PXII~XIII
这是钱德拉X射线天文台与詹姆斯·韦布空间望远镜联袂呈现的全光谱影像。这幅影像展示了被称为"鹰状星云"的梅西耶16天体——那片以"创世之柱"而闻名的经典星空区域。詹姆斯·韦布空间望远镜揭示了遮蔽新生恒星的暗色气体尘埃柱，而钱德拉捕捉到的X射线光点（图中星状标记）正是剧烈辐射的年轻恒星。图像均将钱德拉探测的高能X射线与韦布先前发布的红外数据融合，并辅以哈勃太空望远镜（可见光）、已退役的斯皮策太空望远镜（红外）、欧空局XMM-牛顿卫星（X射线）及欧洲南方天文台新技术望远镜（可见光）的观测数据。视觉中国

PXIV~XV
这座地中海水下的雕像可追溯至公元1世纪的罗马时期，位于意大利那不勒斯湾的巴亚地区，是著名的水下遗迹之一。它反映了古罗马人对古希腊神话的崇拜。海底火山活动导致地面下沉，巴亚的许多古罗马建筑逐渐沉入水下，形成了独特的水下考古遗址。视觉中国

PXVI~XVII
巴兹·奥尔德林与阿波罗11号登月舱支架的合影。阿波罗11号登月舱代号为"鹰"，搭载美国宇航员尼尔·阿姆斯特朗与巴兹·奥尔德林，于1969年7月20日降落在静海。这是阿波罗计划中的第五次载人任务，是人类首次登月任务。视觉中国

PXVIII~XIX
这张作品通过固定机位、连续拍摄的方式，将一天中不同时间的光影变化巧妙拼接于同一画面中，展现了西安地标钟鼓楼从夜晚到白天的壮丽变幻。画面左侧是凌晨的鼓楼，右侧则是钟楼迎接初升的阳光，仿佛将时光拉成了可视的画布，诉说着千年古都日复一日的节奏与宁静。孔中翔 摄

PXX~XXI
鸟瞰这个词就来源于像鸟一样俯瞰大地，通常我们只能模拟想象。胡兀鹫是国家一级重点保护野生动物，它们经常选择生活在人类社区附近，比如道路、河流、牧场等，这样会有更多食物来源。在空中同步飞行拍摄，可以用广角的大景深把它们和生境同框呈现。它们体型巨大，翅展能达到3米，小型的无人机只有它们的尾翼大小，它们并不惧怕，而且可以在高空中一起自由翱翔。程中威 摄

目录

01 过去与未来 — 001

- 原子能　Atomic Energy — 002
- 计算机　Computer — 008
- 考古　Archaeology — 012
- 水下考古　Underwater Archaeology — 018
- 泰坦尼克号　RMS Titanic — 022
- 人类飞天梦　Human Dream of Flight — 026
- 航天飞机　Space Shuttle — 030
- 中国空间站　Tiangong Space Station — 034
- 国之重器　Key National Assets — 038
- 智能制造　Intelligent Manufacturing — 046
- 高速铁路　High-speed Railway — 050
- 桥梁　Bridge — 054
- 中轴线　Central Axis — 058

02 生命力量 — 065

- 高山花卉　Alpine Flowers — 066
- 海洋生物昼夜垂直迁徙　Daily Vertical Migration of Marine Life — 070
- 两栖动物和爬行动物肖像　Amphibians and Reptiles — 074
- 珊瑚礁生态系统　Coral Reef — 078
- 荧光生物　Fluorescent Organisms — 082
- 海洋生物　Sea Life — 088
- 海洋垃圾　Ocean Pollution — 094
- 人类胚胎　Human Embryo — 100

03 微观视线 — 105

- 脱氧核糖核酸　DNA — 106
- 微观影像　Microscopic Imaging — 110
- 真菌　Fungi — 114
- 微陨星　Micrometeorite — 118
- 雪花晶体　Snowflake — 122
- 病毒　Virus — 126

04 空间 — 131

- 黑洞　Black Hole — 132
- 深空影像　Deep Space Imagery — 136
- 木星　Jupiter — 144
- 火星　Mars — 150
- 太阳　Sun — 170

05 自然的低吟 — 177

- 极光　Aurora — 178
- 洞穴探险　Caving — 182
- 冰洞　Ice Caves — 186
- 虹彩云　Iridescent Clouds — 190
- 闪电　Lightning — 194
- 火山　Volcano — 198
- 极地探险　Polar Expedition — 204

06 换一个眼光看世界 — 211

- 红外线摄影　IR Photography — 212
- 紫外线摄影　UV Photography — 216
- X 射线摄影　X-ray Photography — 220
- 运动摄影　Motion Photography — 224
- 高速摄影　High-speed Photography — 228
- 生态闪光摄影　Flash Photography in Ecology — 232
- 软件计算摄影　Computational Photography — 236
- 昆虫显微摄影　Super Micro Insects Photograph — 240

深度学习

- 超高像素科学摄影应用：多光谱文物摄影 — 246
- 计算摄影：新上战场的老兵 — 250
- 超微距全景深堆叠摄影 — 254
- 与历史面对面——石窟摄影 — 256
- 计算天体摄影 — 258

科学以观察与实验为基石,构建起理解世界的框架。从伽利略用望远镜揭示木星卫星的轨迹,到牛顿以数学公式解析引力法则,再到麦克斯韦用方程组统一电磁理论,每一次突破都在重构人类对自然的认知。科学之美不在于形而上的比喻,而在于其严谨的逻辑与可验证的规律——它既是对真理的追寻,也是对未知的丈量。

考古学是科学与人文的交汇点。纳米比亚达马拉兰岩刻中 6000 年前的狩猎场景,三星堆青铜面具下的古蜀文明,泰坦尼克号残骸中凝固的 1912 年——这些遗迹通过碳 14 测年、三维建模和材料分析,将模糊的历史转化为精确的数据。考古学家用地质雷达扫描地下结构,用 DNA 技术追溯人类迁徙,用流体力学模拟沉船轨迹。科学赋予历史以实证的骨骼,让传说成为可触的真相。

人类飞行的历史是一部试错史。达·芬奇的扑翼机图纸、李林塔尔 2000 余次滑翔实验、莱特兄弟的风洞测试——这些探索积累的数据,最终凝结为伯努利方程与翼型设计手册。科学将神话转化为公式:伊卡洛斯的蜡翼被空气动力学取代,万户的火药椅演变为火箭方程。航天飞机并非"雄心壮志"的象征,而是可重复使用运载器的工程实践——135 次任务中,它验证了轨道对接、太空实验室和卫星回收技术,为构建国际空间站铺路。

计算机是科学方法的放大器。从 ENIAC 计算弹道轨迹,到 AlphaFold 预测蛋白质结构,算力突破使复杂系统的模拟成为可能。人工智能并非"像人一样思考",而是通过卷积网络识别星系光谱,用蒙特卡罗方法优化核聚变装置。在贵州的群山之间,FAST 望远镜每日捕获 1.4TB 宇宙信号,"神威·太湖之光"以每秒 9.3 亿亿次的浮点运算速度解析气候模型——这些不是浪漫化的"星辰大海",而是对暗物质分布、碳排放阈值的具体求解。

科学从未许诺终极答案。量子纠缠挑战因果律,暗能量颠覆宇宙膨胀模型,CRISPR 编辑基因引发伦理争辩——但正是这些未解之谜,推动着仪器精度的毫微革新与理论框架的自我修正。当詹姆斯·韦布空间望远镜聚焦 Arp 142 星系碰撞的蓝色弧光时,它记录的不仅是 130 亿年前的引力舞蹈,更是人类用硅基传感器延伸碳基感官的实证宣言。

过去与未来

01 The Past and the Future

原子能
Atomic Energy

▶ 做鬼脸的爱因斯坦。1951年3月14日，刚刚与亲朋好友一起庆祝了自己72岁生日的物理学家阿尔伯特·爱因斯坦（Albert Einstein，1879—1955），在与挚交普林斯顿高级研究所所长弗兰克·艾德洛特博士夫妇一同准备乘车离开之际，一群记者蜂拥而至，并隔着车窗要求爱因斯坦摆出笑容，这位本就不拘小节的大师以"吐舌"回应。我们可以理解爱因斯坦当时的心情，对于已过古稀之年的他而言，早就不用再去维护所谓的"公众形象"了，何况忙碌完一天之后，想必早已疲惫不堪，更无心应酬媒体。但令爱因斯坦本人没有想到的是，这张照片却成为他晚年最具代表性的一幕。尽管众多记者都捕捉了这一瞬间，但由于担心会遭到抗议，最终仅有美国合众国际新闻图片社的阿瑟·萨斯的作品得以发表。不过爱因斯坦对这些照片并不反感，他要求加洗了9张照片，并且亲笔签名了其中几张，其中的一张在2017年以12.5万美元的高价被拍卖。Corbis/ 视觉中国

多 核武器与原子能，作为科学探索的产物，它们的诞生无疑改变了人类的历史进程。从最初的核裂变发现，到原子弹的爆炸，再到核电站的建立，每一步都凝聚着科学家们的智慧与汗水。这些成就不仅展示了科学的力量，更让我们深刻认识到，科学的发展必须伴随着对伦理、道德和人类命运的深思熟虑。科学之美，不仅在于它所带来的物质文明进步，更在于它激发了我们对于未知世界的好奇心与探索欲。正是这份对未知的渴望，推动了人类不断前行，不断超越自我。核武器与原子能，作为科学探索的见证，提醒我们，科学的力量是双刃剑，必须谨慎使用，才能造福人类，避免灾难。

0.016 SEC.
N

METERS

1945年7月16日，世界上第一颗原子弹试爆成功（上页图，视觉中国）。

1942年，美国正式制订"曼哈顿计划"，有组织地开展对核裂变的研究。该计划设计和制造了1945年投在广岛和长崎的原子弹。三位一体（Trinity），也音译为托立尼提或特里尼泰，是人类史上首次核试验的代号，是曼哈顿计划的一部分，于1945年7月16日在新墨西哥州索科罗县的托里尼提沙漠进行。这次核试验被认为是核子时代开始的象征。7月16日凌晨5时29分45秒，实验核弹"Trinity"被引爆，爆炸威力约为2万吨黄色炸药爆炸的量。爆炸发出的光线，从最初的紫色转为绿色，再转为白色。爆炸核心的铁塔瞬间被高温蒸发得无影无踪，爆炸产生的冲击波仅需40秒就到达在100英里（约160千米）以外的观测点，爆炸产生的蘑菇云高达7.5英里（约12.1千米）。

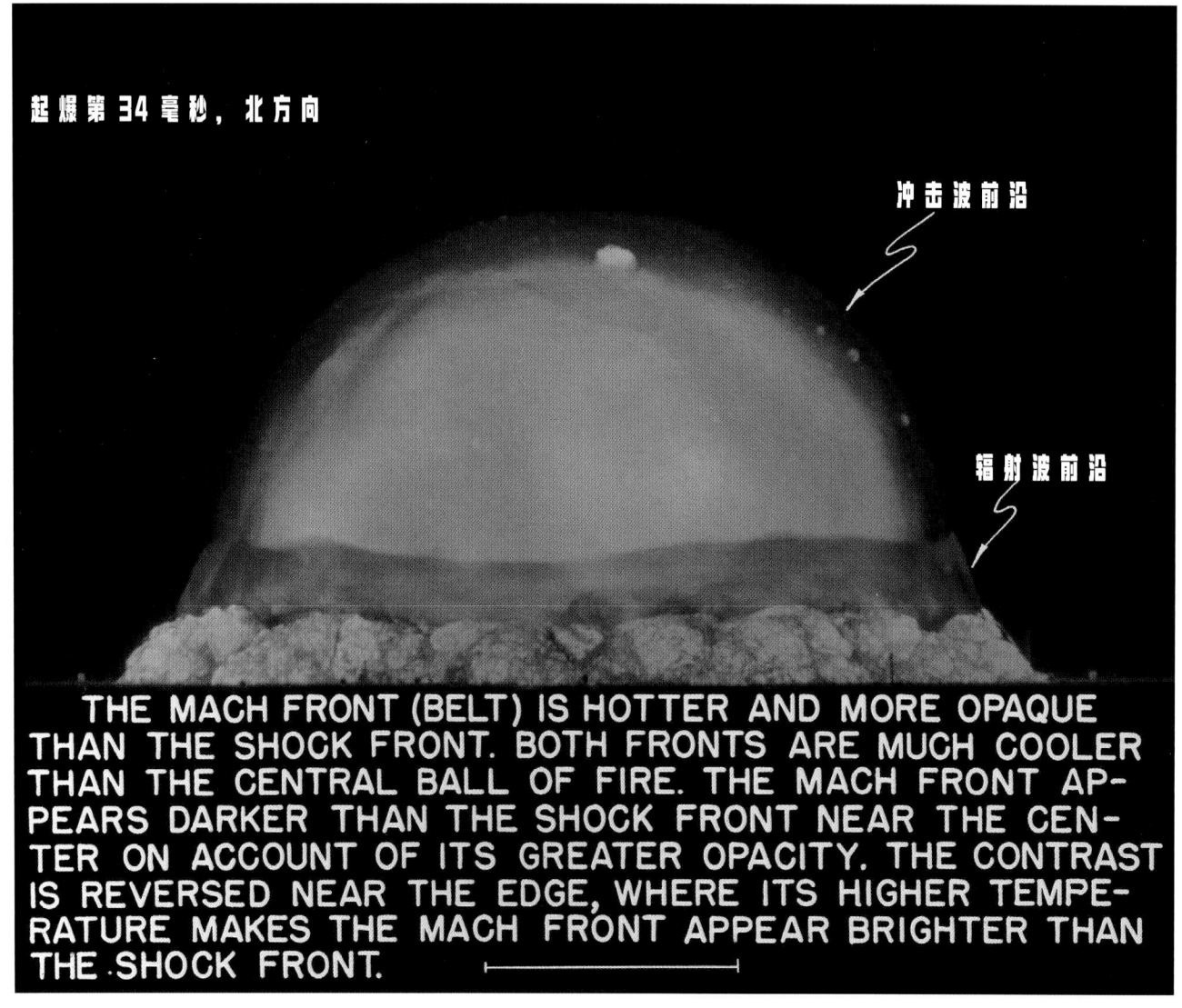

▲ 辐射波前沿（带状）比冲击波前沿更热、更不透明。两个前沿都比中央的火球要冷得多。由于辐射波前沿的不透明度更大，它在中心附近看起来比冲击波前沿更暗。在边缘附近，情况正好相反，由于辐射波前沿的高温，它看起来比冲击波前沿更亮。Corbis/ 视觉中国

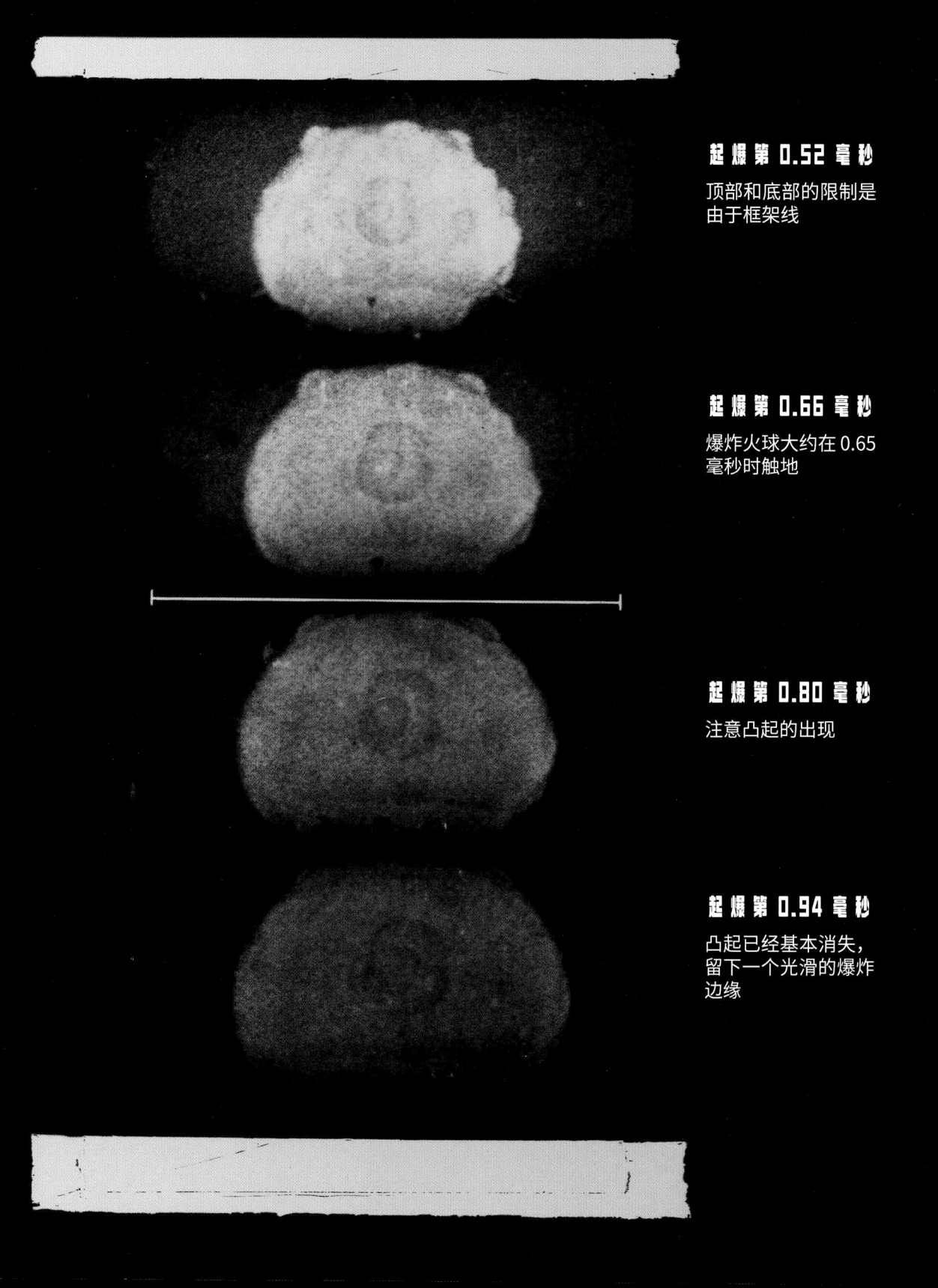

计算机 Computer

▶ 贝尔实验室研制出世界上第一台全晶体管计算机"TRADIC"。由于采用晶体管代替电子管,所以它重量很轻,且运算速度比较快,达到每秒几十万次。随着计算机软件技术也有了较大发展,科学家们提出了操作系统的概念。除了汇编语言,他们还陆续开发了 COBOL、FORTRAN、Ada 等高级程序设计语言,计算机的工作效率大大提高。
Corbis/ 视觉中国

在科学领域,计算机无疑是推动人类进步的重要工具。从最初的巨型机到如今普及的个人电脑、智能手机,计算机的发展速度令人咋舌。它们不仅改变了我们的工作方式,更在科学研究、工程设计、医疗诊断等领域发挥着不可替代的作用。

计算机以其强大的计算能力和数据处理能力,让我们得以解决过去无法想象的复杂问题。在科学研究中,计算机模拟实验成为一种重要的研究方法,它能够帮助科学家们在虚拟环境中进行各种实验,从而大大节省了时间和资源。在工程设计中,计算机辅助设计(CAD)系统使得设计师们能够创建出更加精确、复杂的模型,提高了设计的效率和质量。在医疗领域,计算机技术的应用更是挽救了许多生命,如医学影像处理、远程医疗等。

计算机的发展还促进了人工智能的兴起。人工智能作为计算机科学的一个重要分支,旨在使机器能够像人一样思考、学习和解决问题。如今,人工智能已经广泛应用于各个领域,如自动驾驶、智能家居、智能医疗等,为我们的生活带来了极大的便利。

科学之美在于它不断地探索未知,挑战极限。而计算机,正是这一探索过程中的重要工具。它让我们得以更加深入地了解这个世界,推动着人类文明的进步。

▶ 阿兰·图灵（1912—1954），英国著名的数学家、逻辑学家、密码学家和计算机科学的奠基人之一。他提出了"图灵机"这一理论模型，为现代计算机的发展奠定了基础，被誉为"计算机科学与人工智能之父"。视觉中国

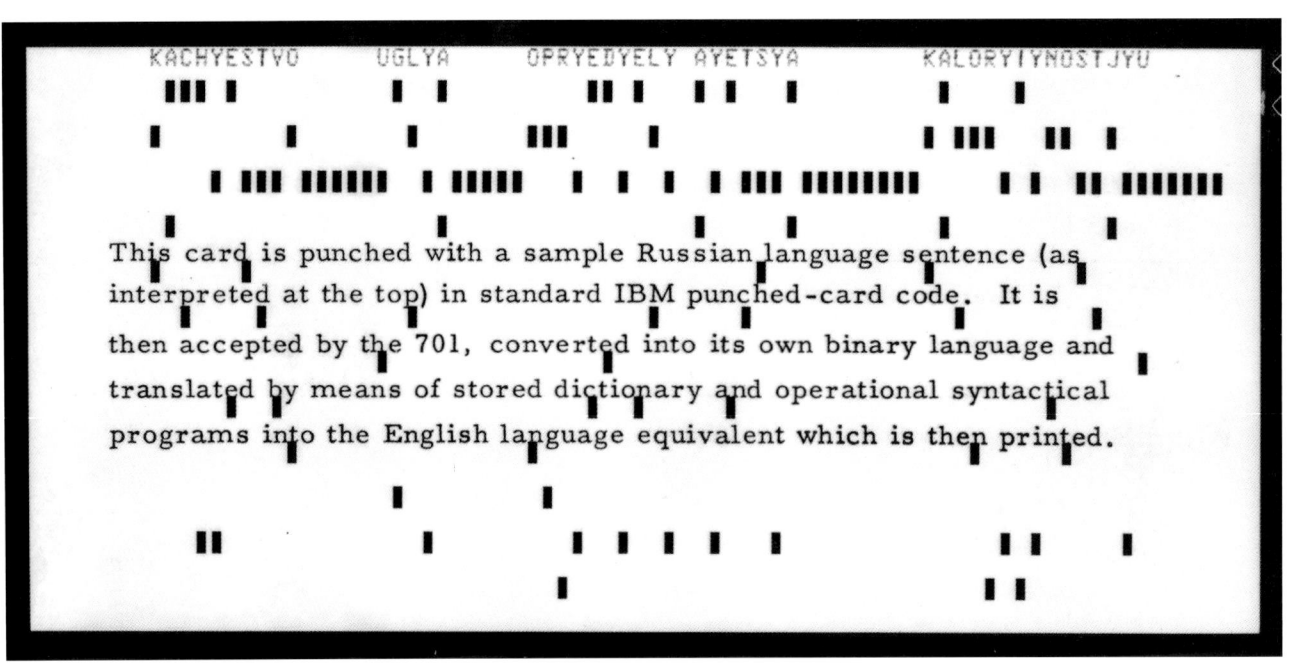

▲ 1954年1月7日，IBM公司研制的第一款商用计算机IBM 701，在对外演示的过程中，首次展示其在多语言翻译领域的强大功能。面对美国乔治城大学一干语言学领域专家以俄文输入的政治、法律、数学、化学等领域简单语句，IBM 701计算机通过预设词典成功将其翻译成英语。这张穿孔卡上，便准确表述出了此前测试者所提交的信息："煤炭的质量是由其所包含的卡路里数量决定的（The quality of coal is determined by calory content）。" Corbis/ 视觉中国

考古
Archaeology

▶ 秦兵马俑1号坑第3次发掘，结束了20世纪80年代回填土的清理工作，全面进入原生堆积土层的清理阶段。1974年，秦陵兵马俑重见天日，被称为世界"第八大奇迹"。震撼世界的同时，也陆续解开诸多历史密码。这个秦始皇地下军阵自发现以来，承载与见证了中华古代文明与现代科技进步，成为文明交流的重要参与者。多年来，随着考古工作的铺开，在秦始皇陵区发现了各类陪葬坑、陪葬墓等600余处，出土了包括秦兵马俑在内的珍贵文物6万余件。尽管这只是秦陵极少的一部分，但专家从中获取的历史信息令人惊叹。这些身高八尺左右的"彪形大汉"千人千面、造型逼真。这些体型高大、造型精致的兵马俑是怎样制作的，是考古工作者多年来考察和研究的重要课题。兵马俑的塑形及细部雕刻集传统泥塑技法之大成，并经过能工巧匠的创新，对后世产生深远影响。视觉中国

考古，作为一门揭示人类历史长河中遗失文明的学科，将历史学、文献学等人文类学科和现代科技相连接，影像也是重要的科学研究手段之一，带给我们一种别样的、凝视历史的美感。通过挖掘和分析古代遗迹、遗物，考古学家们能够重现过去的生活场景，揭示人类文明的演进历程。无论是秦始皇陵兵马俑的雄伟壮观，还是三星堆遗迹的神秘悠远，考古工作都让我们对古代人类的生活、信仰和技术水平有了更为直观和深入的了解。每一次考古发现，都是对历史的重新诠释，都是对人类智慧的深刻致敬。考古之美，在于它让我们跨越时空的界限，与古人进行心灵的对话，感受历史的厚重与文化的魅力。

▲ 三星堆8号坑内发掘的"顶尊屈身倒立铜人像"上面的力士的青铜面部。视觉中国

▲ 三星堆8号祭祀坑考古发掘现场。视觉中国

▲ 2020年6月10日，秦始皇帝陵博物院兵马俑博物馆1号坑对外开放修复室。工作人员正在进行文物修复。张杰 / 视觉中国

水下考古
Underwater Archaeology

▶ 意大利巴亚水下考古公园中的古罗马雕塑,他可能是在古罗马神话中被称为"尤利西斯"的"奥德修斯",也可能是其他的神祇,毕竟水草早已令他的面目模糊不清,唯有躯体还在经受着岁月的洗礼。
视觉中国

水下考古是一门独特的学科,它不仅继承了传统考古学对历史、文化和人类生活方式的探索,还融合了现代科技的力量,将人类对历史的认知延伸到了水下世界。与陆地考古不同,水下考古面临着更为复杂的环境挑战,需要依赖潜水技术、水下测量、遥感技术以及先进的打捞设备。这些技术的运用,使得水下考古不仅是对历史的追寻,更是对人类科技能力的考验。水下考古的特殊性在于,它不仅仅是对沉船、古城等遗迹的发掘,更是对古代航海、贸易和文化交流的重新解读。以中国"南海一号"为例,这艘南宋时期的沉船自1987年被发现以来,便成为中国水下考古的重要标志。2007年,考古学家通过整体打捞技术,将沉船及其周围的淤泥一同装箱,运送到陆地上的博物馆进行细致发掘。这一过程不仅保护了文物的完整性,还为研究宋代海上丝绸之路的贸易网络、瓷器生产和航海技术提供了宝贵的实物资料。"南海一号"上打捞出的数万件瓷器、金银器和铜钱,不仅展示了当时中国与东南亚、中东地区的贸易往来,也揭示了古代航海技术的发达程度。

水下考古的魅力在于不仅是历史的再现,更是多学科协作的成果。考古学家、潜水员、工程师、海洋学家和文物保护专家共同合作,才能完成一次成功的水下考古项目。例如,中国的"南海一号"和瑞典的"瓦萨号"都采用了整体打捞技术,这不仅需要精确的水下测量和工程计算,还需要对文物进行细致的保护和修复。这种跨学科的合作,使得水下考古成为一门既充满挑战又极具创新性的学科。水下考古不仅是对历史的追寻,更是对人类科技与智慧的考验。它通过结合传统考古学与现代科技,为我们打开了一扇通往水下世界的窗口,让我们能够更全面地了解古代航海、贸易和文化交流的历史。

▲ 潜水员正在探索古代浴场更衣室中的双色马赛克地板。马赛克地板由黑白镶嵌石制成，周围环绕着单色三带边框，框内是一个以竞技为主题的中央区域，覆盖面积约为12平方米。马赛克中描绘了四个男性人物，以黑色镶嵌石在白色背景上呈现：其中两人是运动员，正在进行摔跤比赛，而另外两人保存状况较差。由于其中一人手持树枝，他可能是裁判或教练员。视觉中国

◀ 2023年9月17日，加拿大考古学家在"幽冥号"探险船的下层甲板仔细挖掘。加拿大的考古学家一直在竞相探索两艘沉船，水下考古团队Parks Canada对"恐怖号"和"幽冥号"遗骸进行了12天68次潜水的探索，主要是探索"幽冥号"的残骸。视觉中国

泰坦尼克号
RMS Titanic

▶ 2004年6月,遥控潜水器(ROV)"赫拉克勒斯"拍摄的泰坦尼克号的船头部分。1912年4月15日,泰坦尼克号在北大西洋撞击冰山后沉没,导致超过1500人遇难。船只在沉没时断裂,船头和船尾部分相距约600米。1985年,这艘沉船在约3800米深的海底被发现。
视觉中国

1912 年4月10日,被誉为"永不沉没"的泰坦尼克号从英国南安普顿启航,开始了它的处女航。这艘由白星航运公司打造的豪华邮轮,是当时世界上最大、最先进的客轮,承载着2200多名乘客和船员,其中包括富商、移民以及各行各业的普通人。泰坦尼克号的航行目的地是美国纽约,然而,这场充满希望的旅程却以悲剧收场。

4月14日深夜,泰坦尼克号在北大西洋撞上了一座冰山。尽管船员们试图规避,但冰山仍然在船体右侧划开了一系列总长约90米的裂口,导致多个水密舱室迅速进水。由于设计缺陷和救生艇数量不足,船只在短短两个多小时内沉没。超过1500人在这次灾难中丧生,仅有700多人获救,成为当时最严重的海难之一。

泰坦尼克号的沉没震惊了世界。事故暴露了当时航海安全规范的严重不足,例如救生艇数量仅能容纳大约一半乘客,而无线电通信的疏忽也导致附近船只未能及时救援。这一悲剧直接推动了国际海上安全法规的修订,包括要求船只配备足够的救生艇、24小时无线电值班以及建立国际冰情巡逻队。

泰坦尼克号的故事不仅是一场灾难,更是一个时代的缩影。它象征着人类对科技进步的盲目自信,也揭示了社会阶层的残酷现实——头等舱乘客的存活率远高于三等舱乘客。1985年,泰坦尼克号的残骸在北大西洋海底被发现,进一步激发了公众对这艘传奇邮轮的兴趣。1997年,詹姆斯·卡梅隆执导的电影《泰坦尼克号》将这段历史搬上银幕,使其成为全球文化记忆的一部分。如今,泰坦尼克号不仅是一艘沉船,更是一个永恒的符号,提醒着人类在面对自然力量时的渺小,以及在灾难面前展现出的勇气与脆弱。

▲ 1912年4月,英国南安普敦港,泰坦尼克号豪华客轮准备开始首航。Corbis/ 视觉中国

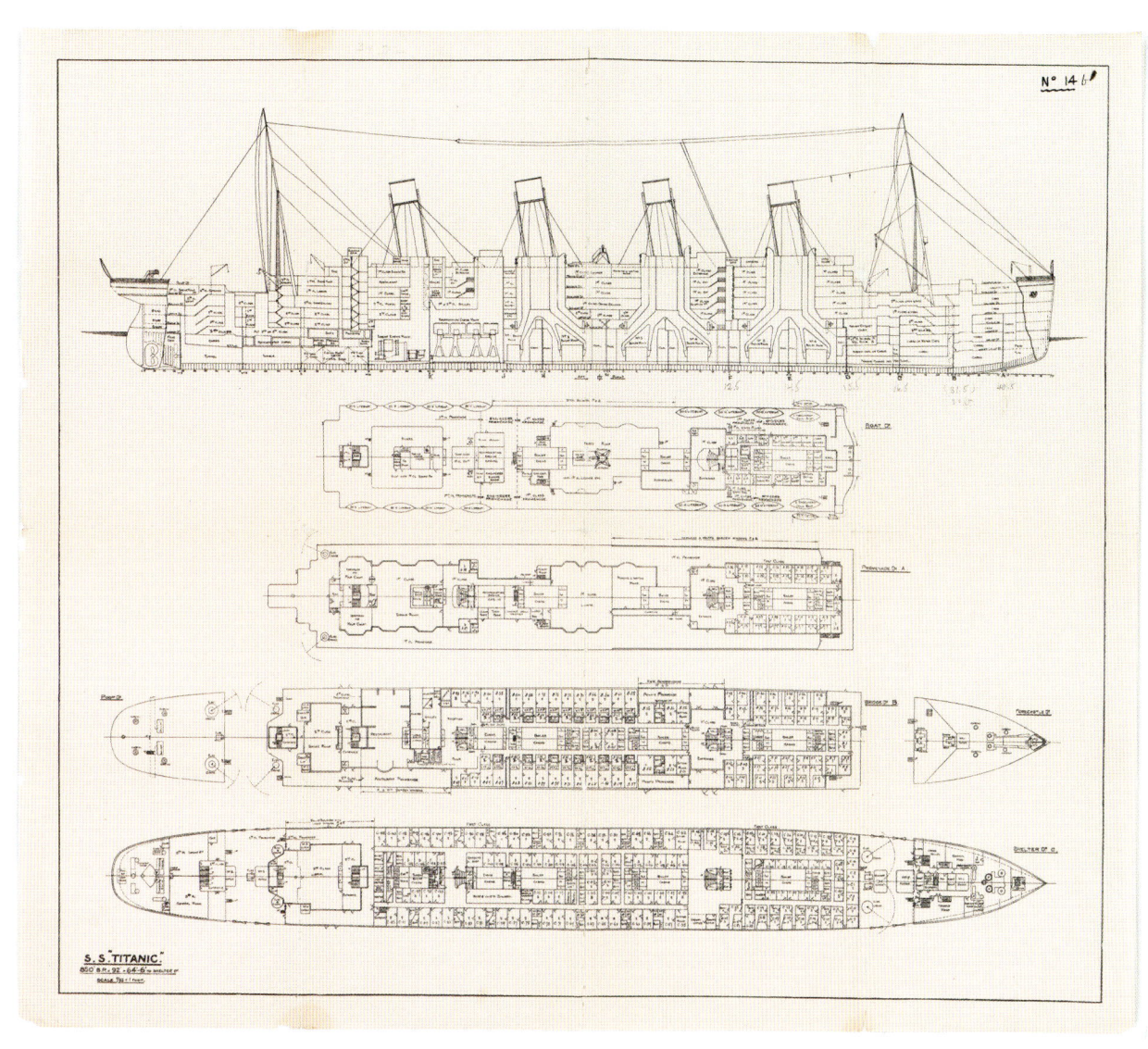

▲ 泰坦尼克号的舱室分布图。Corbis/ 视觉中国

人类飞天梦
Human Dream of Flight

▶ 关于莱特兄弟的种种事迹,其实早已是不胜枚举了。诸如"天才""伟大"之类的赞美更是不绝于耳。但站在更为宏观的角度来看,我们与其说是莱特兄弟的发明改变了人类的交通出行和日常生活,不如说是时代变迁所带来的对飞行空前的热衷,最终促成了莱特兄弟的成功。
Corbis/ 视觉中国

自古以来,人类就怀揣着飞翔的梦想。从古希腊伊卡洛斯用蜡和羽毛制成的翅膀飞向太阳的神话,到中国明代万户试图借助火药和风筝升空的壮举,飞天的渴望深深植根于人类的文化与想象中。这些早期的尝试虽然多以失败告终,但它们象征着人类对天空的无尽向往,也为后来的飞行探索奠定了基础。

在中国,万户的故事尤为动人。据明代晚期文献记载,这位 14 世纪的官员将自己绑在装有 47 支火箭的椅子上,手持风筝,试图借助火药的推力飞向天空。尽管他的尝试以悲剧收场,但万户的勇气和想象力激励了后人,被誉为"人类航天第一人"。他的故事不仅是中国古代科技探索的象征,也是人类飞天梦的早期实践之一。

到了 19 世纪,飞行探索逐渐从神话和传说走向科学实验。德国工程师奥托·李林塔尔通过研究鸟类飞行,进行了大量滑翔试验,积累了宝贵的空气动力学数据。与此同时,像 R.J. 斯帕丁这样的科学爱好者,也通过绘制飞行器蓝图,为飞行技术的发展贡献了力量。这些先驱者的努力,最终为莱特兄弟的成功铺平了道路。

1903 年 12 月 17 日,莱特兄弟实现了人类历史上首次动力飞行,标志着飞行之梦的真正实现。然而,他们的成功并非偶然,而是建立在前人无数次尝试与失败的基础之上。从万户的火药火箭到莱特兄弟的飞机,人类飞天的历程不仅展现了科技的进步,更体现了人类对梦想的执着追求。正是这种追求,让我们得以翱翔于蓝天,探索更广阔的世界。

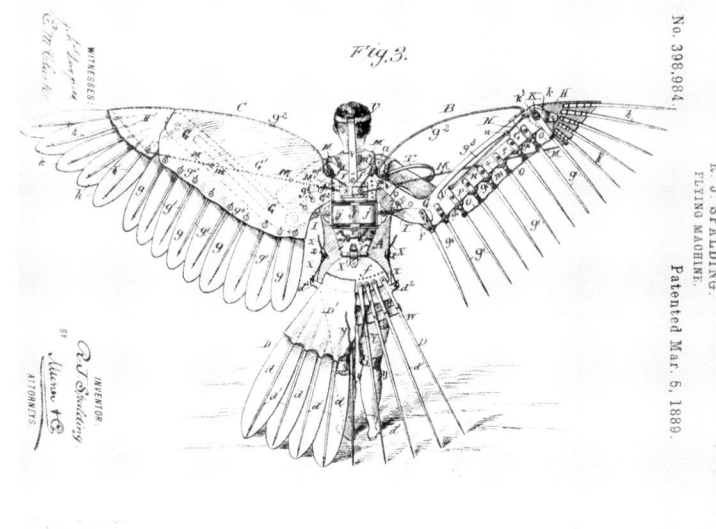

▲ 这是 1889 年 3 月 5 日，一位名叫 R.J. 斯帕丁（R.J. Spalding）的科学爱好者手绘的单人羽翼飞行器的蓝图。站在今天的角度，我们或许会嘲笑这位"前辈古人"的异想天开，甚至可以从科学的角度去批判他过分执着于仿生学的理念，忽视了飞行并不一定需要翅膀。但我们无法否认的是，正是有了古希腊伊卡洛斯张开由蜡和羽毛做成的双翼飞向太阳的神话、有了明代万户试图用火药和风筝让自己飞翔的尝试，以及无数如 R.J. 斯帕丁这般默默描绘和实践着自身梦想的普通人的努力，人类才最终得以翱翔在了蓝天之上。Corbis/ 视觉中国

◀ 作为人类航空事业的先驱者，德国工程师奥托·李林塔尔（Otto Lilienthal，1848—1896）的知名度，显然要略逊于美国的莱特兄弟。但必须指出的是，正是奥托·李林塔尔不断潜心研究鸟类飞行和进行滑翔试验，最终为他的后来者积累了大量空气动力学方面的数据。当然在同一个时代，还有更多飞行爱好者在为人类翱翔天空的梦想而默默无闻地奋斗着，正是有了他们的成功和试错，才最终促成了莱特兄弟的成功。Corbis/ 视觉中国

航天飞机
Space Shuttle

▶ 1999 年 12 月 19 日至 27 日,在发现号航天飞机执行任务期间,位于航天飞机货舱上方的哈勃太空望远镜反射了来自太阳的光线。
视觉中国

航天飞机的诞生源于 20 世纪 70 年代冷战时期的政治与军事需求。为了在太空竞赛中压制苏联,美国选择研发一种可重复使用的"太空卡车",既能部署间谍卫星,又能展示技术优越性。而苏联则因技术路径依赖与成本考量,继续沿用一次性飞船。航天飞机的设计目标充满理想主义,但其研发与运营却面临巨大挑战。诞生于模拟技术时代的航天飞机,依赖风洞实验与手工校准,机载计算机的随机存取存储器(RAM)容量仅 424KB,远低于现代标准。从 1981 年哥伦比亚号首飞到 2011 年退役,航天飞机共执行 135 次任务,部署了哈勃望远镜并建设了国际空间站,但其单次发射成本高达 4.5 亿美元,远超预期。1986 年挑战者号升空爆炸与 2003 年哥伦比亚号返航解体事故,共夺去 14 名宇航员的生命,暴露了系统性的安全隐患,最终迫使美国航空航天局(简称 NASA)终止了该项目。尽管如此,航天飞机验证了可重复使用运载器、机械臂与太空实验室等关键技术,为现代商业航天(如 SpaceX 猎鹰火箭)的发展奠定了基础。其历史价值不仅在于技术贡献,更在于警示:太空探索需在成本、安全与创新间找到平衡。

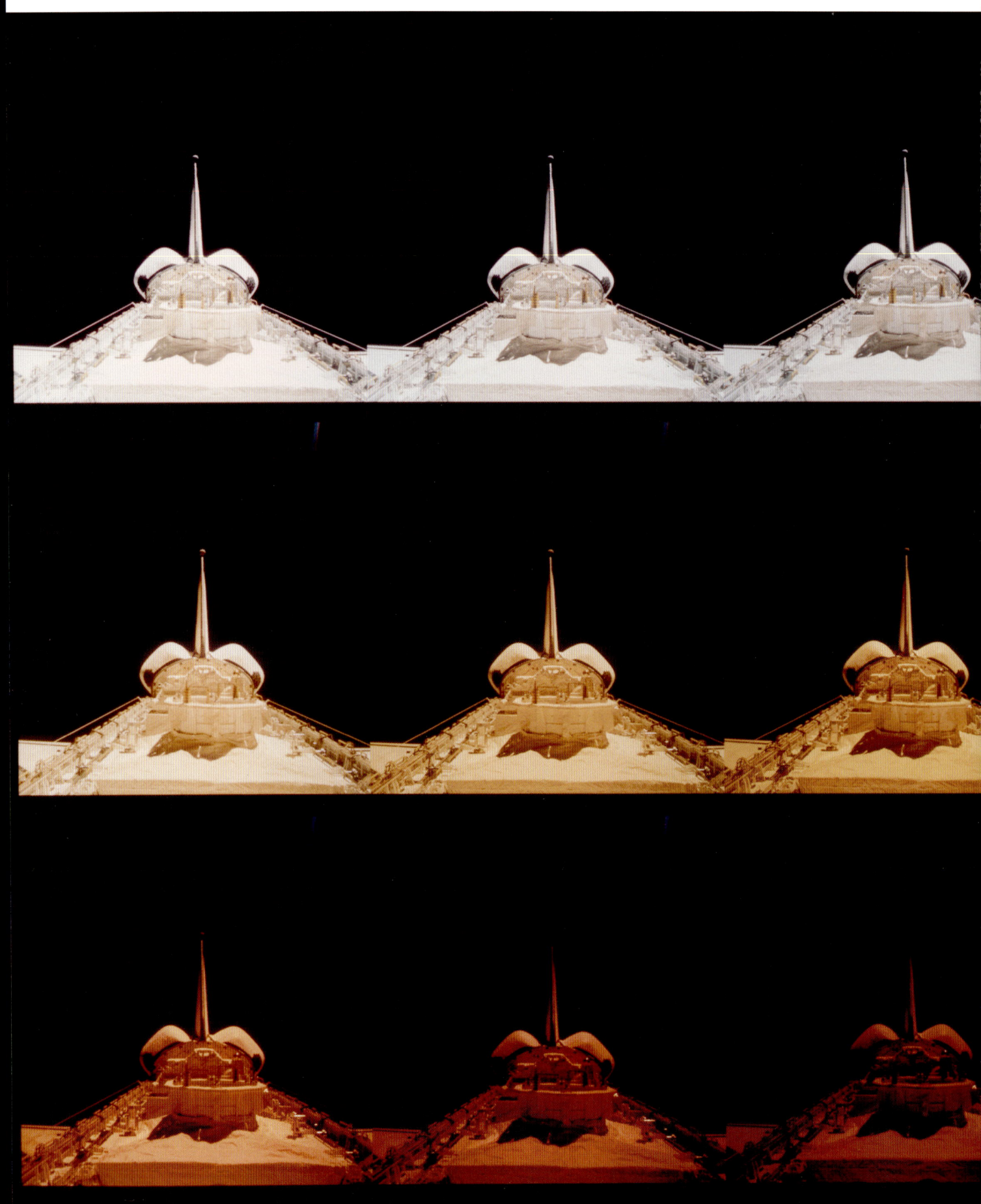

▲ 1986年1月28日星期二,挑战者号航天飞机从佛罗里达州肯尼迪航天中心升空后不久发生爆炸。所有7名机组人员在爆炸中遇难,事故原因被归咎于航天飞机助推火箭中的O型密封圈故障。视觉中国

◀ 1996年2月22日至3月9日,哥伦比亚号航天飞机在执行STS-75任务期间,拍摄的地球日落的12幅拼接图。STS-75任务的主要目标是部署系绳卫星系统再飞行任务(TSS-1R),该系统通过一根导电系绳被发射进入轨道。视觉中国

中国空间站
Tiangong Space Station

▶ 2021年8月20日,中国航天员借助机械臂进行舱外活动。
中国载人航天工程办公室 / 视觉中国

空间站是人类探索宇宙、开展空间科学实验和技术试验的重要基地。它如同一个悬浮在浩瀚星空中的实验室,承载着人类对未知世界的无尽好奇和探索欲望。在空间站中,航天员们可以进行各种科学实验,研究微重力环境下的物理、化学、生物等自然现象,为人类认识宇宙、利用太空资源提供宝贵的科学数据。同时,空间站也是展示国家科技实力和国际合作的重要平台,它见证了人类航天事业的蓬勃发展,也预示着未来太空探索的无限可能。

天宫空间站,作为中国航天事业的璀璨明珠,不仅代表了我国航天技术的尖端水平,更是无数航天人智慧与汗水的结晶。它以其独特的设计、先进的技术以及强大的功能,在国际空间站领域独树一帜。在天宫空间站中,中国航天员开展了一系列前沿的科学实验和技术研究,探索宇宙的奥秘,推动人类文明的进步。此外,天宫空间站还承载着国际合作与交流的重要使命,它为来自世界各地的科学家提供一个共同研究、共享成果的平台,促进全球航天科技的共同繁荣与发展。

▲ 从中国空间站看地球的全景。中国载人航天工程办公室 / 视觉中国

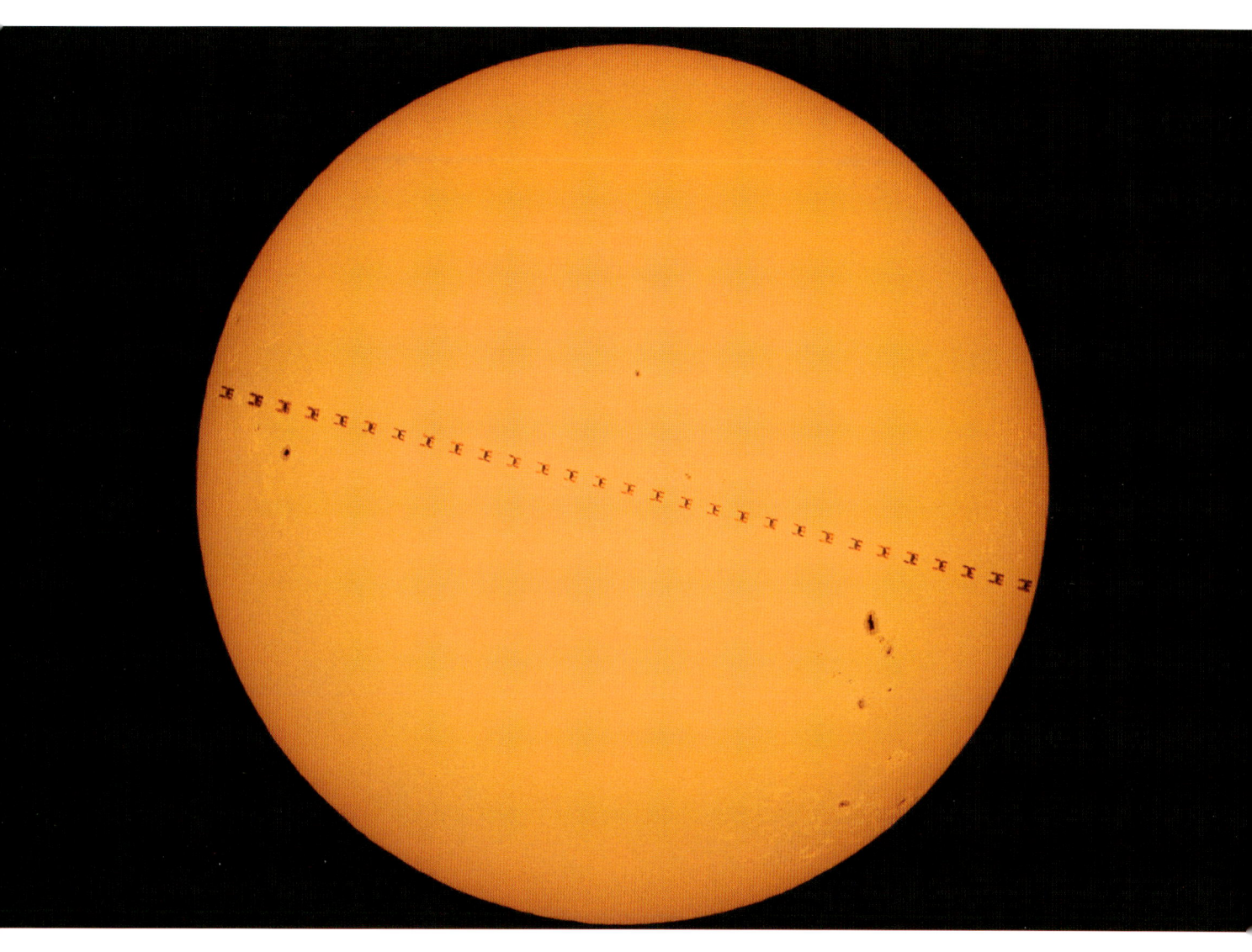

▲ 2024年7月5日,中国空间站途经湖北省咸宁市嘉鱼县簰洲湾区域与太阳重叠,形成"空间站凌日"景观。视觉中国

国之重器
Key National Assets

▶ 中国陆航部队武直-10 武装直升机在 2022 珠海航展上进行飞行展示。视觉中国

近年来，中国在高端装备、能源科技和基础研究领域取得了一系列突破性成就，打造出一批具有全球影响力的"国之重器"。在国防领域，歼-35 隐身战机和武直-10 武装直升机展现了航空工业的自主创新能力；民用领域，"爱达·魔都号"大型邮轮标志着中国跻身高端船舶制造强国。新能源技术快速发展，光伏、风电装机量稳居世界第一，助力"双碳"目标实现。前沿科技中，"人造太阳"（EAST）实现可控核聚变重大突破，中微子实验室为探索宇宙奥秘提供关键支撑。这些成就涵盖高端制造、能源转型和基础科研三大类型，不仅强化了国家安全与经济竞争力，更推动了全球科技进步。国之重器既是综合国力的象征，也为人类可持续发展贡献了中国智慧，彰显了科技自立自强的战略意义。

▲ "爱达·魔都号"是中国首艘国产大型邮轮,其全长324米,总吨位达136201吨,拥有2125间客房,最多可承载游客5246人。名字既体现了上海制造的身份,又凸显了首艘国产大型邮轮在产品设计、艺术设计、体验设计上的追求。截至2024年12月29日上海海关发布的相关数据显示,爱达·魔都号自2024年1月1日开启商业首航一年来,已完成运营84航次,运输出入境旅客60万人次。吴胜波/视觉中国

▲ 高能同步辐射光源（HEPS）是由国家发展和改革委员会批复立项，中国科学院、北京市共建怀柔科学城的核心装置，中国科学院高能物理研究所承担建设，为"十三五"国家重大科技基础设施之一。设施建成后，将成为世界上发射度最低、亮度最高的第四代同步辐射光源之一，最"亮"的光将帮助人类更细致观察微观物质的细节，为国家解决在资源、能源、环境、人口和健康等诸多领域面临的挑战提供科学基础。视觉中国

◀ 2024年11月30日，由中铁十一局等单位承建的甘肃阿克塞汇东新能源光热＋光伏试点项目实现全容量并网发电。该项目位于甘肃省酒泉市阿克塞哈萨克族自治县四十里戈壁千万千瓦级太阳能热发电基地内，总体装机容量750兆瓦，其中光热发电110兆瓦，光伏发电640兆瓦，是我国首批光热＋示范电站，也是国内在建单机规模最大的塔式光热发电项目，并网发电后可实现年均上网电量17亿千瓦时。视觉中国

▲ 2024年11月20日，随着最后一块光电倍增管模块安装完成，广东江门中微子实验探测器主体建成。作为中国主持的第二个大型中微子实验，江门中微子实验的首要科学目标是利用反应堆中微子振荡确定中微子质量顺序，对于人类了解物质微观的基本结构和宏观宇宙的起源与演化具有重要意义。视觉中国

▲ 2024年11月8日,中国中型隐身多用途战斗机歼-35A出现在广东珠海金湾机场上空,并进行了首次场地适应性训练。视觉中国

智能制造
Intelligent Manufacturing

▶ 2024年8月21日,2024北京世界机器人大会,京城机电机器人展台上各类工业机械臂在演示操作。视觉中国

智能制造是我国加快推进产业结构调整,适应需求结构变化趋势,完善现代产业体系,积极推进传统产业技术改造,加快发展战略性新兴产业,提升中国"智造"水平,全面提升产业技术水平和国际竞争力的一项重要发展战略。它不仅是对传统制造业的简单升级,更是一场深刻的生产方式革命。在智能制造的推动下,中国的制造业正逐步摆脱对人力的高度依赖,转向以技术为主导的发展路径。这种转变不仅提升了产品的质量和竞争力,更为中国制造业的可持续发展奠定了坚实的基础。智能制造,正以它独特的魅力,引领着中国制造业迈向新的辉煌。

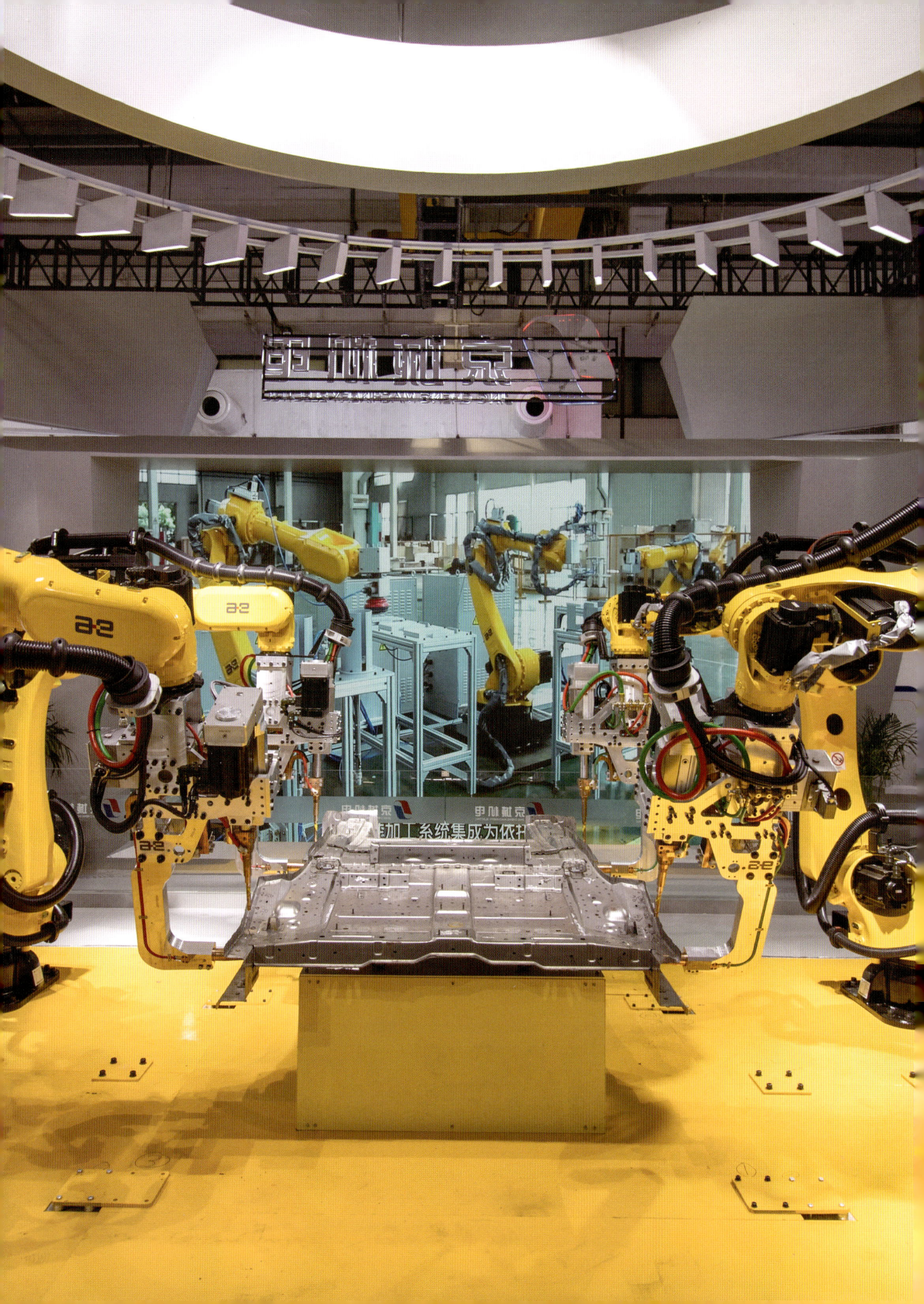

◀▲ 小米汽车工厂目前拥有六大车间，包括：冲压、大压铸、车身、涂装、总装和电池。据了解，工厂综合自动化率超过91%，关键工艺自动化率更是达到100%。在产能爬满后，工厂每小时可以生产40辆小米SU7，相当于每76秒就有一台新车下线。视觉中国

高速铁路
High-speed Railway

▶ 蓄势待发的高铁列车。视觉中国
▼ 广州南动车运用所夜景航拍。视觉中国

中国高铁的发展是现代化交通史上的一个奇迹,短短几十年间,中国从技术引进到自主创新,成功打造了全球领先的高铁网络。作为世界上运营里程最长、运行速度最快的高铁系统,中国高铁不仅极大地改善了国内交通条件,也成为全球高铁技术的标杆。

中国高铁的起步可以追溯到20世纪90年代,当时通过引进国外先进技术,逐步掌握了高铁的核心技术。2008年,中国第一条设计时速350千米的京津城际高铁开通运营,标志着中国铁路正式进入高铁时代。此后,中国高铁网络迅速扩展,形成了"四纵四横"的骨干网络,并逐步向"八纵八横"迈进。2024年国家铁路集团数据显示,全国高铁运营里程为4.8万千米,占铁路总营业里程(16.2万千米)的29.6%。

在技术创新方面,中国高铁实现了从"跟跑"到"领跑"的跨越。自主研发的"复兴号"动车组列车,最高设计时速可达400千米,具备完全自主知识产权,展现了中国在高铁技术领域的强大实力。此外,中国高铁在智能化、绿色化方面也取得了显著进展。例如,智能高铁采用大数据、人工智能等技术,实现了列车自动驾驶、智能调度和故障预测;同时通过轻量化设计和节能技术,进一步降低了能耗和碳排放。

中国高铁的成功不仅仅体现在技术层面,还在于其对经济社会发展的深远影响。高铁网络极大地缩短了城市间的时空距离,促进了区域经济一体化,推动了旅游业、物流业等相关产业的快速发展。

▼ 广州南动车运用所夜景航拍。视觉中国

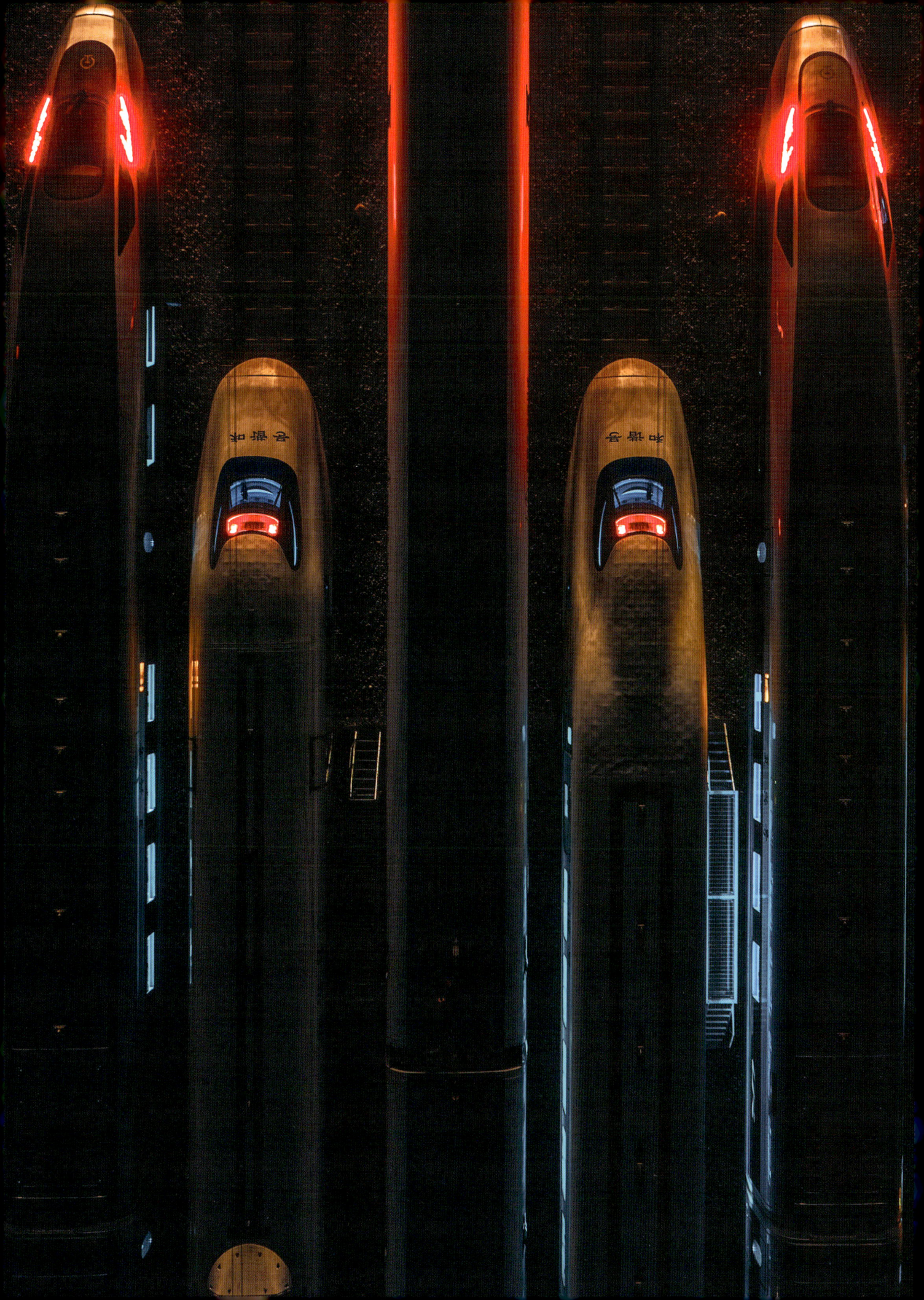

桥梁
Bridge

▶ 黔春立交桥是贵州省贵阳市的一座非常著名的立交桥,以其复杂的设计和壮观的视觉效果而闻名。它位于云岩区,是中环路西段和北京西路两条交通干线的交会点,连接着贵阳北站、花果园、老城区和新城区,是贵阳市极为重要的交通枢纽。黔春立交桥共有 11 条匝道,8 个出入口,两条主线加上匝道的总长度达到 5270 米,最大垂直落差高达 55 米,相当于 18 层楼的高度。这座立交桥因其独特的设计和工程难度,被誉为"中国最复杂的立交桥之一"!视觉中国

▼ 夜幕下的世界最长跨海大桥——深中通道。车辆穿行于伶仃洋上空,宛如流动的光带。这座连接深圳与中山的超级工程,在幽蓝的高色温环境下更显宏伟,展现着粤港澳大湾区的蓬勃活力。视觉中国

中国现代桥梁工程以技术创新与功能适配为核心,展现了科学与实践的深度结合,堪称现代版的"逢山开路、遇水架桥"实践手册。"全球最高 100 座桥梁中 81 座在中国",这不是魔法,而是钢筋混凝土写就的"基建狂魔"日记——毕竟,连青藏高原的藏羚羊都学会了在铁路桥洞下排队迁徙。

工程师们像是掌握了某种"空间折叠术":黔东南的峡谷间,他们用预应力混凝土钢构技术把立交桥叠成 5D 魔方;珠江口的伶仃洋上,GPS 毫米级定位让 33 节 8 万吨沉管在海底拼出 55 千米"隐形铁轨"。"基建狂魔"的硬核浪漫藏在细节里:港珠澳大桥的钢箱梁涂着比女明星粉底还持久的防腐涂层(防腐寿命 120 年)。这些桥梁并非单纯追求视觉震撼,而是以精确的数学模型(如有限元分析)、材料科学突破(高强耐候钢)和生态数据支撑(动物迁徙模型)为基础,将交通功能、环境适应与长期运维成本纳入统一考量。它们见证了中国工程从"规模优先"到"精度与可持续并重"的转型。

中轴线
Central Axis

▶ 北京中轴线上的天安门广场、故宫博物院卫星俯拍视图。视觉中国

北京中轴线是中国古代城市规划的杰作，也是北京城市空间布局的核心。这条南北走向的轴线全长约 7.8 千米，南起永定门，北至钟鼓楼，贯穿了北京老城的核心区域。它不仅是中国传统都城规划理念的体现，更是北京历史、文化和政治中心的象征。

北京中轴线的历史可以追溯到元代，当时元大都的规划奠定了中轴线的雏形。明清两代进一步强化和完善了中轴线的布局，使其成为北京城市规划的灵魂。中轴线上分布着众多重要的历史建筑和景观，包括紫禁城、天坛、景山、钟鼓楼等。中轴线不仅是北京的地理中心线，更是政治、文化和礼仪活动的核心。明清时期，中轴线上的建筑和空间布局严格遵循"左祖右社、前朝后市"的传统礼制，体现了中国古代"天人合一"的哲学思想。紫禁城作为中轴线的核心，是皇帝处理政务和举行重大仪式的场所，而天坛则是皇帝祭天祈福的神圣之地。

现在，北京中轴线在城市发展中依然发挥着重要作用。它不仅是北京历史文化的重要载体，也是城市空间规划的重要参考线。近年来，北京市政府加强了对中轴线的保护与修缮，并积极推进中轴线申遗工作。2023 年，北京中轴线成功列入《世界遗产名录》，成为中国第 59 项世界遗产。

▲ 用超长焦距镜头从北往南可以拍摄到前景的奥林匹克塔和远处的钟楼。视觉中国

▼ 2022年2月4日，北京冬奥会开幕式在国家体育场举行。小朋友们脚踩星光，与"和平鸽"共舞。北京冬奥会开幕式借助 AI 算法以及 3DAT 三维运动员追踪技术协助，仅依靠 4 台摄像机就覆盖全场，并实现演员与现场铺设的大屏实时互动，将唯美艺术和奥林匹克精神传递给了世界。视觉中国

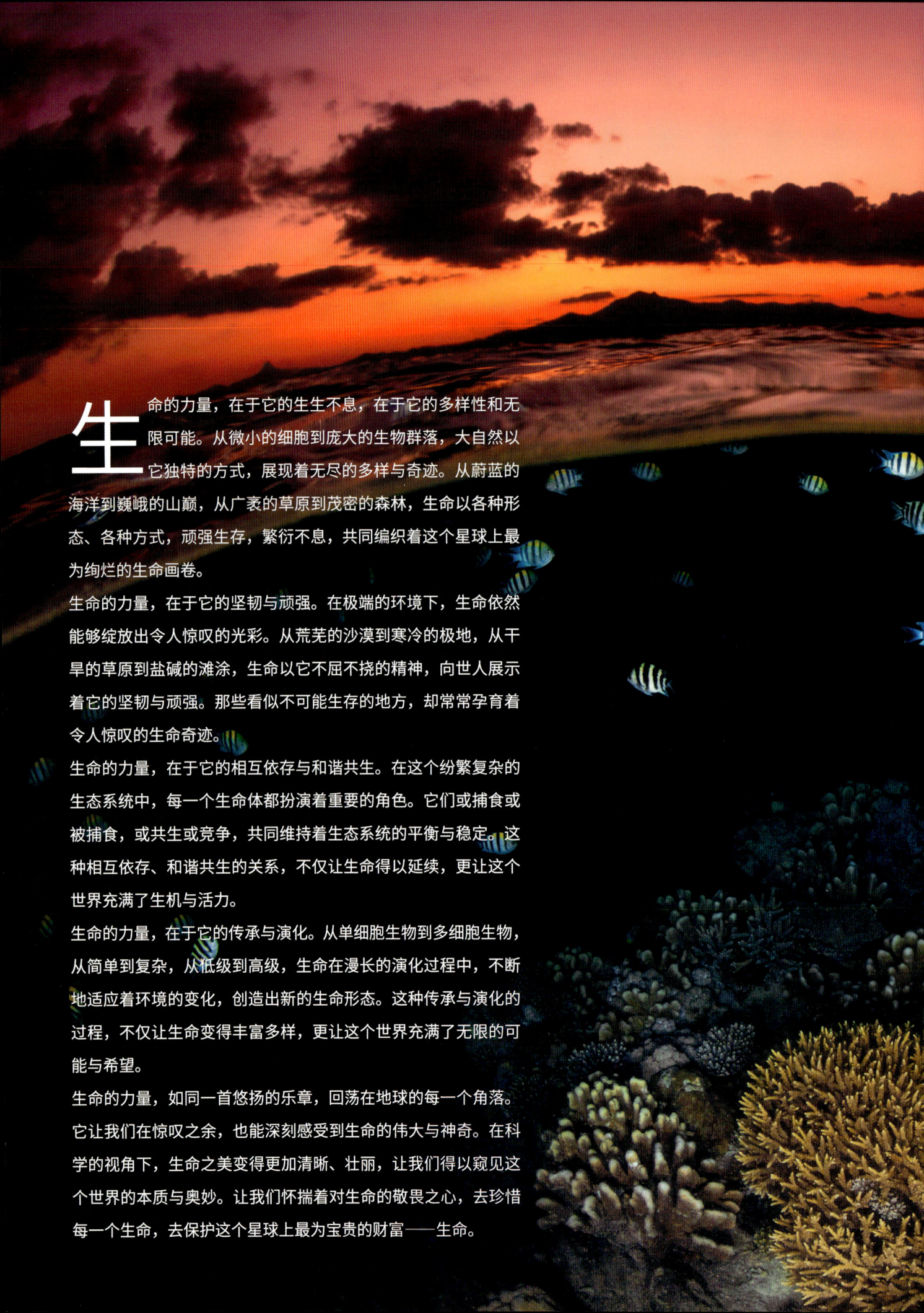

生命的力量，在于它的生生不息，在于它的多样性和无限可能。从微小的细胞到庞大的生物群落，大自然以它独特的方式，展现着无尽的多样与奇迹。从蔚蓝的海洋到巍峨的山巅，从广袤的草原到茂密的森林，生命以各种形态、各种方式，顽强生存，繁衍不息，共同编织着这个星球上最为绚烂的生命画卷。

生命的力量，在于它的坚韧与顽强。在极端的环境下，生命依然能够绽放出令人惊叹的光彩。从荒芜的沙漠到寒冷的极地，从干旱的草原到盐碱的滩涂，生命以它不屈不挠的精神，向世人展示着它的坚韧与顽强。那些看似不可能生存的地方，却常常孕育着令人惊叹的生命奇迹。

生命的力量，在于它的相互依存与和谐共生。在这个纷繁复杂的生态系统中，每一个生命体都扮演着重要的角色。它们或捕食或被捕食，或共生或竞争，共同维持着生态系统的平衡与稳定。这种相互依存、和谐共生的关系，不仅让生命得以延续，更让这个世界充满了生机与活力。

生命的力量，在于它的传承与演化。从单细胞生物到多细胞生物，从简单到复杂，从低级到高级，生命在漫长的演化过程中，不断地适应着环境的变化，创造出新的生命形态。这种传承与演化的过程，不仅让生命变得丰富多样，更让这个世界充满了无限的可能与希望。

生命的力量，如同一首悠扬的乐章，回荡在地球的每一个角落。它让我们在惊叹之余，也能深刻感受到生命的伟大与神奇。在科学的视角下，生命之美变得更加清晰、壮丽，让我们得以窥见这个世界的本质与奥妙。让我们怀揣着对生命的敬畏之心，去珍惜每一个生命，去保护这个星球上最为宝贵的财富——生命。

生命力量

02

Life Force

高山花卉
Alpine Flowers

▶ 塔黄（*Rheum nobile*）素有雪山之巅的"温室建筑师"之称，生长于喜马拉雅山脉及横断山脉海拔 4000~5000 米的高寒流石滩地带。这里紫外线强烈、昼夜温差极大，多数植物难以存活。而塔黄却演化出"自建温室"的结构，吸引昆虫到此避寒避雨，同时帮助自身传粉。范毅 摄

▼ 全缘叶绿绒蒿（*Meconopsis integrifolia*）是绿绒蒿属（*Meconopsis*）中极具代表性的高山植物，以其独特的形态和生存智慧闻名。它也是 20 世纪初西方探险家梦寐以求的"蓝罂粟"。美国植物学家约瑟夫·洛克（Joseph Rock）曾在中国西南地区多次采集标本，推动了世界对绿绒蒿属的认知。范毅 摄

高山花卉是生长在海拔 3000 米以上的高海拔地区的植物群落，主要分布于全球的高山地带，如喜马拉雅山脉、安第斯山脉和阿尔卑斯山脉等。在中国，高山花卉广泛分布于西南地区的横断山脉、喜马拉雅山脉以及青藏高原等地，从高山草甸到流石滩，形成了独特的垂直生态分布格局。随着海拔的升高，环境条件发生显著变化。海拔 4000 米以上的流石滩区域，气候极端恶劣，温度低、风力强、紫外线辐射强烈，土壤贫瘠且不稳定；而海拔 3000~4000 米的高山草甸，气候相对温和，土壤较为肥沃，植被覆盖率较高。高山花卉通过独特的适应策略，在这些生境中繁衍生息。

高山花卉的形态和生理特征与其他植物有明显区别。它们通常植株矮小，呈垫状或莲座状，以减少风力和低温的影响。叶片常具有厚角质层或茸毛，以减少水分蒸发和紫外线伤害。许多高山花卉能够合成抗冻蛋白和抗氧化物质，以应对低温和强紫外线环境。此外，它们的根系发达，能够深入岩石缝隙吸收水分和养分。在繁殖策略上，高山花卉多采用快速开花和结实的策略，以利用短暂的生长季节，部分种类还通过无性繁殖（如匍匐茎或块茎）来增加生存机会。

中国的高山植物具有独特的区域特征。横断山脉和喜马拉雅山脉的高山花卉种类尤为丰富，包括绿绒蒿、雪莲、龙胆等特有物种。这些植物不仅适应了高海拔的极端环境，还在生态系统中发挥着重要作用。它们的根系能够固定流石滩的松散土壤，减少水土流失，同时涵养水源，维持高山湿地的稳定。此外，高山花卉为昆虫、鸟类和其他动物提供食物和栖息地，促进了高山生态系统的物种多样性。许多高山花卉与传粉昆虫形成了专性共生关系，进一步体现其生态价值。

海洋生物昼夜垂直迁徙
Daily Vertical Migration of Marine Life

▶▼ 这些漂浮在海洋深处的像外星人一样的海洋生物,如幼虫、章鱼、小鱼和鳗鱼等,都是在水下15米至30米的深处拍摄的,它们的器官细节清晰可见。寻找和拍摄这些生物需要非凡的技巧和敏锐的眼睛,因为它们的大小在1毫米到2厘米之间,且在黑暗的水中移动得很快。
张帆 / 摄

这些神奇的海洋生物其实是夜间在深海的表层海水中生活的一些特殊生物。这些生物在人工光源下暴露出独特的生存策略与生理结构——透明性是黑水生物的典型特征。它们大多数通体透明,通过透明化消弭自身轮廓,躲避深海捕食者。这种透明结构在灯光照射下常折射出幻彩光斑。这些生物幼体主要因垂直迁移的习性会在夜间聚集在海水的表层,它们昼伏夜出,在夜晚,它们就会从海的不同深度上浮到海面附近。这些生物里甚至有还未被命名的奇幻动物。

两栖动物和爬行动物肖像
Amphibians and Reptiles

▶ 厄瓜多尔亚马孙河流域的树蛇。视觉中国

两栖动物和爬行动物，作为地球上最古老的生物类群之一，以其独特的生存方式和生态角色，展现了生命的另一种美丽。从湿润的热带雨林到干旱的沙漠地带，从低洼的沼泽到高耸的山峰，两栖动物和爬行动物以其惊人的适应能力，在各种极端环境中找到了自己的生存之道。它们所展现的生命韧性也令人惊叹。在干旱缺水的季节，一些蛙类会进入休眠状态，等待雨水的到来；一些蛇类则会通过调节体温和代谢率，来应对严寒或酷暑的挑战。这种生命韧性，让我们看到了生命在逆境中的顽强与不屈。

珊瑚礁生态系统
Coral Reef

▶ 印度尼西亚弗洛勒斯海孔巴岛海底，生长着一种别名"海扇"的柏柳珊瑚。视觉中国

▼ 地处印度洋莫桑比克海峡的马约特岛，有着世界上最大的潟湖，以及唯一具有双屏障的珊瑚礁。视觉中国

珊瑚礁是海洋中最为复杂和多样化的生态系统之一，常被称为"海底的热带雨林"。它们主要由珊瑚虫分泌的碳酸钙骨架堆积而成，形成了独特的海底结构。珊瑚礁主要分布在热带和亚热带海域，尤其是水温常年保持在 20°C 至 30°C 的浅海区域，如澳大利亚的大堡礁、印度尼西亚的珊瑚三角区以及加勒比海地区。

珊瑚礁在海洋生态系统中扮演着至关重要的角色。首先，它们是海洋生物多样性的重要载体。尽管珊瑚礁覆盖面积仅占海底面积的不到 1%，却为超过 25% 的已知海洋物种提供了栖息地。这些物种包括鱼类、甲壳类、软体动物以及多种无脊椎动物，其中许多种类仅在珊瑚礁环境中生存。其次，珊瑚礁为海洋食物链提供了重要支撑，不仅是许多海洋生物繁殖和觅食的场所，还为幼鱼提供庇护所，帮助幼鱼躲避捕食者。此外，珊瑚礁对沿海社区和全球经济也具有重要价值。它们通过减弱海浪能量，保护海岸线免受风暴侵蚀；同时，珊瑚礁渔业和旅游业为数百万人提供了生计。据估计，全球数亿人口直接或间接依赖珊瑚礁资源生存。

然而，珊瑚礁正面临严峻威胁。气候变化导致的海洋酸化和水温升高，人类活动导致的过度捕捞、污染以及破坏性捕捞（如炸鱼）等正在加速珊瑚礁的退化。据研究，全球已有超过一半的珊瑚礁受到严重破坏，如果不采取有效措施，到 21 世纪末，大部分珊瑚礁可能会消失。

荧光生物
Fluorescent Organisms

▶ 夜光螳螂虾。视觉中国

在自然界的壮丽画卷中,荧光生物以其独特的光芒点亮了地球的每一个角落,成为生命奥秘的璀璨象征。从微小的细菌到复杂的动植物,这些生物在黑暗中发出柔和的光芒,宛如夜空中最耀眼的星辰,引领我们探索生命的未知领域。它们的荧光现象不仅是自然界中的奇观,更是生物演化的奇妙成果,蕴含着丰富的生态智慧。

荧光生物之所以能够发光,是因为它们的体内含有特殊的荧光蛋白或荧光色素。这些物质能够吸收特定波长的光(如紫外线或蓝光),并以较长波长的光(如绿光、红光或黄光)重新发射出来。例如,水母体内的绿荧光蛋白(GFP)能够吸收蓝光并发出绿光,这一发现甚至为现代生物医学研究带来了革命性的发展。此外,一些生物通过化学反应产生荧光,如萤火虫体内的荧光素与荧光素酶反应,释放出迷人的光芒。还有一些生物,如发光鱿鱼,依赖体内的共生细菌来产生荧光,这些细菌通过化学反应为宿主提供光源。

荧光生物的发光现象在自然界中扮演着多重角色。它们利用光芒进行交流,如萤火虫通过闪烁的光信号吸引配偶;也利用荧光捕食,如深海鱼类用光芒引诱猎物;还有些生物通过发光伪装自己,融入环境以躲避天敌。更有趣的是,某些生物在受到威胁时会突然发光,以吓退捕食者。

荧光生物的存在不仅让我们惊叹于自然的神奇,也为我们揭示了生命适应环境的无限可能。它们的光芒不仅是黑暗中的指引,更是科学与艺术交织的灵感源泉。在探索这些发光生物的过程中,我们不仅看到了生命的美丽,也感受到了自然界的深邃与智慧。

▲ 在蓝色灯光下发出荧光的海鳗。视觉中国

▲ 马约特岛暗礁夜间发出荧光的海葵和珊瑚。视觉中国

▲ 阿根廷贝纳迪诺里瓦达维亚自然科学博物馆研究员提供的照片显示,他们在亚马孙雨林中发现一种能够发出蓝绿色荧光的绿雨滨蛙,认定这是世界上第一次发现"荧光蛙"。这种树蛙在受到紫外线光照射后,皮肤发出蓝绿色荧光。因为它们的皮肤具有荧光性,能吸收短波光线,转化为长波光线并放射出去。视觉中国

海洋生物
Sea Life

▶ 挪威斯匹次卑尔根岛近海的大西洋海象。有学者认为它便是神话中美人鱼的原型生物。视觉中国

深邃而广袤的海洋,孕育了无数神奇而美丽的生命。从五彩斑斓的珊瑚礁,到神秘莫测的深海生物,海洋生物以其独特的生存方式和生态角色,展示了一个充满未知与奇迹的水下世界。

海洋生物之美,在于它们对环境的极致适应。无论是深海中的琵琶鱼,头顶钓饵静待猎物,还是浅海中的海葵,与小丑鱼共生共舞,它们都展现出了生命演化的智慧与奇迹。这些生物以惊人的适应能力,在各种极端环境中找到了自己的生存之道,让我们看到了生命的顽强与不屈。

海洋生物之美,也在于它们所展现的生命多样性。从微小的浮游生物,到庞大的鲸鱼,海洋生物以其丰富的种类和形态,构成了地球上最为复杂多样的生态系统之一。

▲ 在汤加澄澈如梦幻的海域中，拍摄者有幸邂逅了令人难以忘怀的座头鲸母子。新生的小鲸鱼，就像是海洋馈赠的一块璞玉，周身颜色浅淡，透着初入世的懵懂与纯净。在广袤无垠的大海里，它就像一个刚学步的孩童，每一次游动都带着些许生涩与笨拙，游泳技能还十分稚嫩。小鲸鱼的呼吸频率明显比成年座头鲸要高，这是生命初期对氧气的迫切需求。每一次呼吸，对它来说都像是一场小小的挑战。好在它的身旁总有母亲那庞大且温暖的身影紧紧相随。每当小鲸鱼努力浮出水面呼吸时，母亲总会默契地调整自己的位置，用宽厚的身躯为孩子抵御可能袭来的海浪，温柔地引导小鲸鱼掌握呼吸的节奏与技巧，教会它如何在这浩瀚海洋里汲取生命的气息。张敬宜 摄

▲ 好奇地围绕着摄影者游弋的加州海狮。视觉中国

▲ 墨西哥湾的蝠鲼群。视觉中国

▲ 生活于南太平洋法属波利尼西亚群岛附近的白边真鲨（又称"银尖鲨"）群。视觉中国

海洋垃圾
Ocean Pollution

▶ 被尼龙渔网缠住脖子的海狮,随着它的生长,渔网给它造成了很深的伤口。视觉中国

海洋垃圾对海洋生态系统构成了巨大威胁,其来源广泛且复杂,主要包括陆地活动、海上作业和自然灾害。陆地活动是海洋垃圾的主要来源,约 80% 的海洋垃圾来自陆地,包括城市生活垃圾、工业废弃物和农业污染物,这些垃圾通过河流、风力或直接倾倒进入海洋。海上作业如渔业、航运和石油开采也会产生大量垃圾,如废弃渔网、塑料包装和油污。此外,自然灾害如台风和海啸也会将大量陆地垃圾卷入海洋。

海洋垃圾的主要成分是塑料,包括塑料瓶、塑料袋、渔网和微塑料等。这些垃圾在海洋中堆积,不仅破坏了海洋生物的栖息环境,还可能导致它们误食或缠绕致死。例如,海龟常误食塑料袋,将其当作水母;海鸟则因误食塑料碎片而窒息或饿死。此外,海洋垃圾还可能释放出有毒化学物质,如邻苯二甲酸盐和双酚 A,进一步污染海洋环境,影响海洋生物的繁殖和健康。更严重的是,这些有毒物质可能通过食物链传递,最终进入人体,对人类健康构成潜在风险。

为应对这一问题,国际社会正在采取多种措施,包括加强垃圾管理、推广可降解材料、清理海洋垃圾以及提高公众环保意识。例如,一些国家已实施"限塑令",禁止使用一次性塑料制品;非政府组织如"海洋清理基金会"则开发了专门的技术和设备,用于清理海洋中的塑料垃圾。然而,解决海洋垃圾问题需要全球共同努力,只有通过持续的行动和创新,才能有效保护海洋生态系统,确保地球的可持续发展。

▲ 一只红海龟被海洋垃圾所缠绕。许多海龟因为类似的情况而死亡，但这一只还活着。这并非某个海域的局部问题，而是全球性问题。这张照片拍摄于西班牙加那利群岛中的特内里费岛附近，位于非洲西北海岸之外的大西洋中。视觉中国

▲ 意大利那不勒斯湾，夜光游水母和瓶子漂浮在水面上。视觉中国

▲ 多米尼加共和国加勒比海的一片海域被漂浮在海面上的渔网和塑料瓶所污染。视觉中国

海洋垃圾

图中小圆点 ● 代表海洋垃圾，通过其数量可以看出不同类型垃圾的比例。

4% 烟蒂
香烟过滤嘴
释放尼古丁、重金属等有毒物质；被误食后导致生物中毒。

2% 金属制品
易拉罐、罐头盒、废弃船锚
锈蚀后释放重金属（如铅、汞），污染水体；锋利边缘可能划伤海洋生物。

10% 废弃渔具
渔网、鱼线、浮标
"幽灵捕捞"导致海洋生物持续死亡；破坏珊瑚礁等栖息地。

0.3% 油类污染物
原油、润滑油
形成油膜阻隔氧气，导致生物窒息；毒性成分直接毒害海洋生物。

1% 泡沫塑料
聚苯乙烯泡沫（如外卖盒、浮球）
易碎裂为微塑料；吸附污染物并进入食物链。

0.2% 纸制品
纸箱、报纸、纸巾
短期降解但可能携带油墨毒素；大量堆积时阻塞水体流动。

1% 橡胶制品
轮胎、鞋底、气球
释放有毒化学物质；长期漂浮阻碍海洋生物活动。

80% 塑料制品
塑料袋、塑料瓶、吸管、包装膜
缠绕海洋生物，误食导致窒息或肠道堵塞；释放微塑料进入食物链，威胁人类健康。

0.5% 纺织品
衣物、渔网、绳索
缠绕海洋生物；合成纤维释放微塑料。

1% 玻璃制品
玻璃瓶、碎玻璃片
长期占据海底空间；破碎后形成锋利碎片，威胁生物安全。

降解时间
最短 2~6周
最长 100万年以上

横轴：0　100年　200年　400年　600年

---

*数据来源：
1. 根据2020年联合国环境规划署（UNEP）公布的综合报告，每年约有1200万吨塑料垃圾被排入海洋。
2. 废弃渔具：2020年世界自然基金会（WWF）报告指出，幽灵渔具至少占海洋垃圾总量的10%，这类废弃物对海洋哺乳动物、海鸟、海龟等生物造成严重危害。
3. 其他垃圾：综合UNEP和海洋保护协会（Ocean Conservancy）的数据，烟蒂、金属、玻璃等垃圾占比相对较低，但对局部生态系统的危害不容忽视。
4. 微塑料：虽然未单独列出，但微塑料是塑料垃圾的主要降解产物，已侵入90%的海鸟和55%的海洋哺乳动物体内。

王可／制图

人类胚胎
Human Embryo

▶ 14 周大的胎儿。视觉中国

▼ 12 周大的胎儿。视觉中国

胚胎是人类生命的起点,其发育过程从受精卵开始,经历细胞分裂、囊胚形成、原肠胚形成等关键阶段,最终分化出复杂的器官系统。最早的人类胚胎影像记录可以追溯到 20 世纪初,随着显微摄影技术的发展,科学家们开始能够捕捉到胚胎早期发育的细节。20 世纪 60 年代,随着电子显微镜和超声成像技术的进步,人类胚胎的研究进入了新的阶段,科学家们得以更清晰地观察胚胎的内部结构和发育过程。近年来,电子宫腔镜等先进技术的应用,使得胚胎影像的分辨率和细节呈现达到了前所未有的水平,为医学研究和临床诊断提供了重要支持。这些影像不仅揭示了生命的奥秘,也帮助科学家更好地理解胚胎发育的关键机制,如基因表达、细胞分化和器官形成。通过这些技术,我们不仅能更深入地探索生命的起源,还能为不孕症治疗、遗传病筛查等领域提供科学依据。

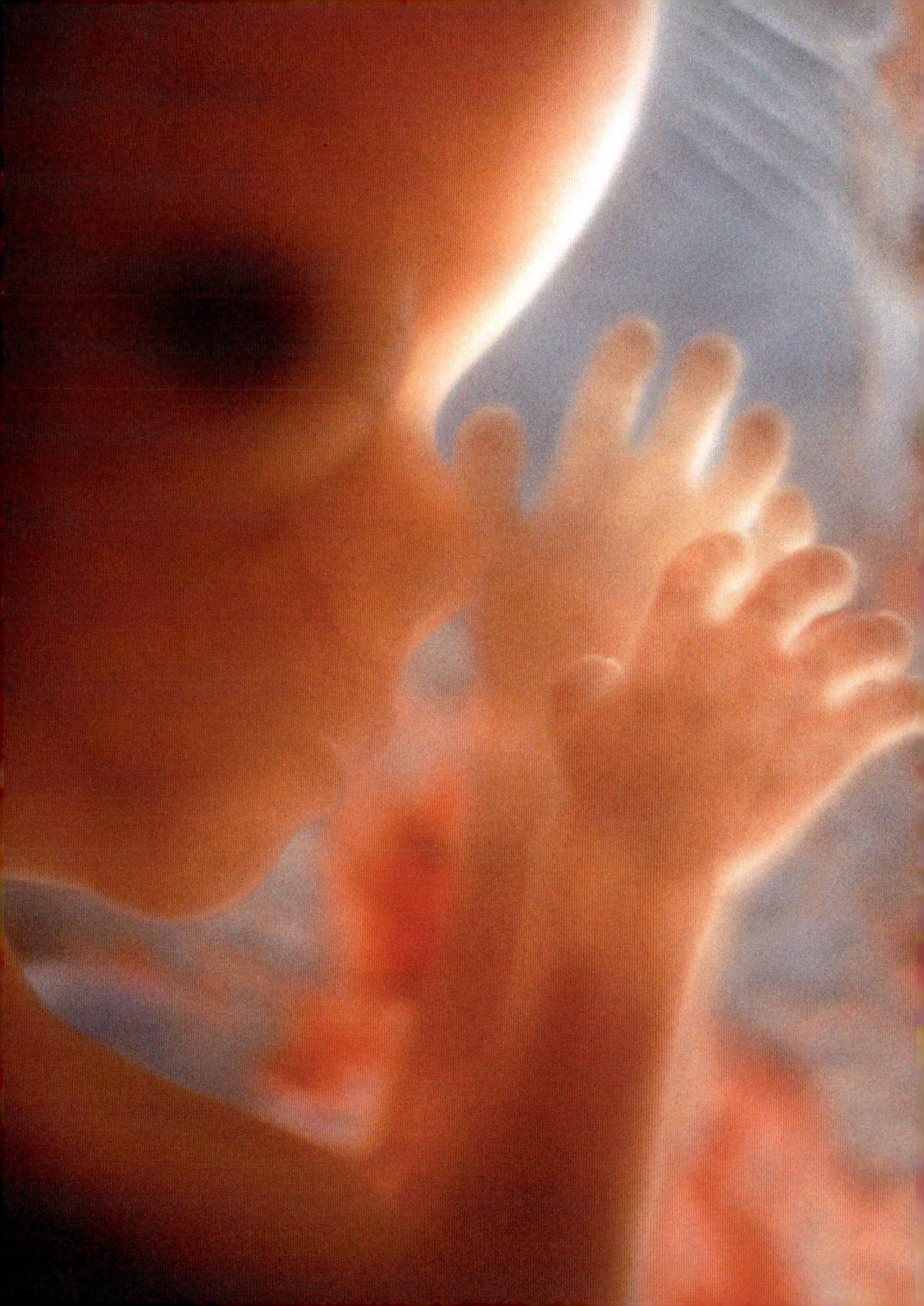

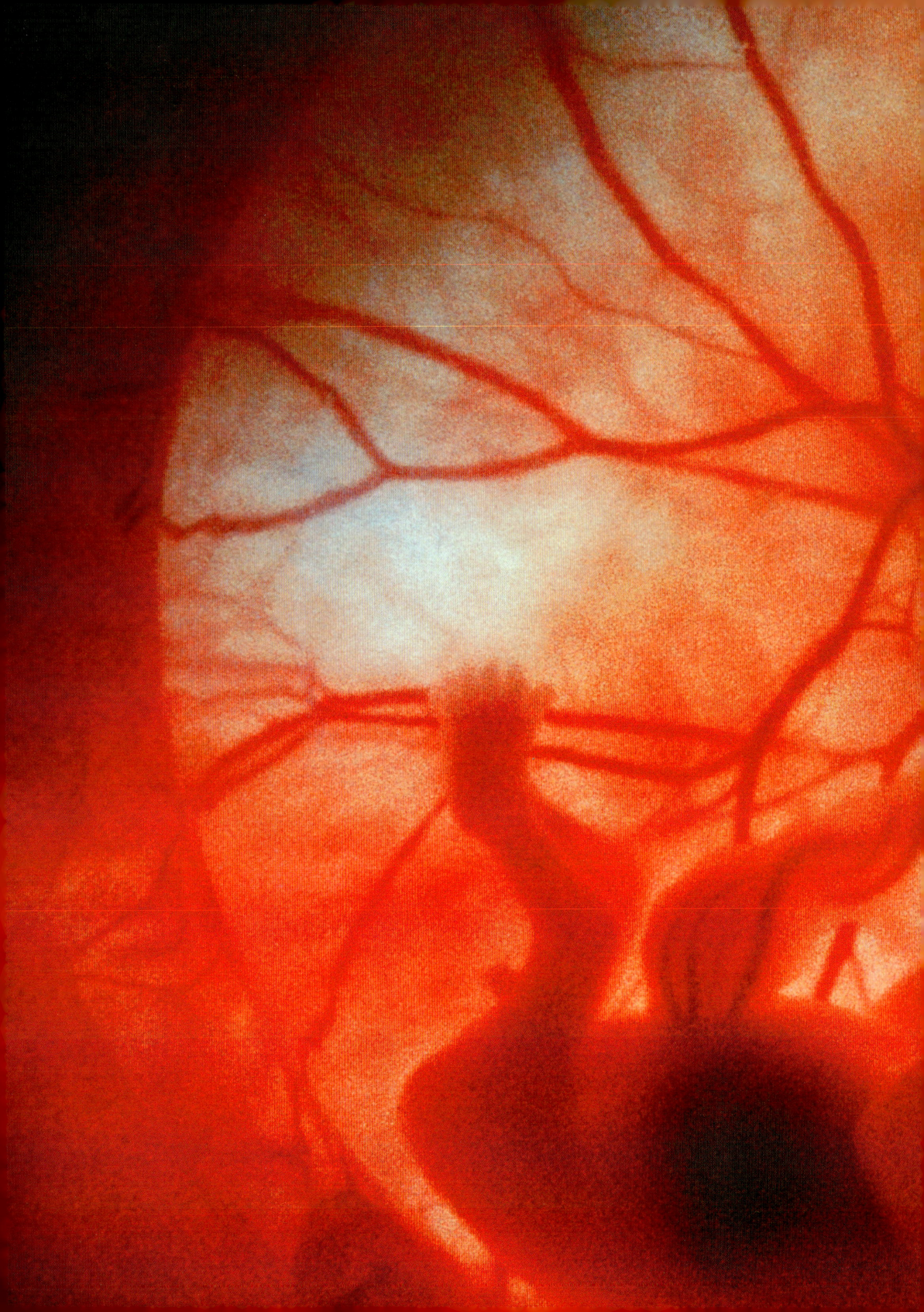

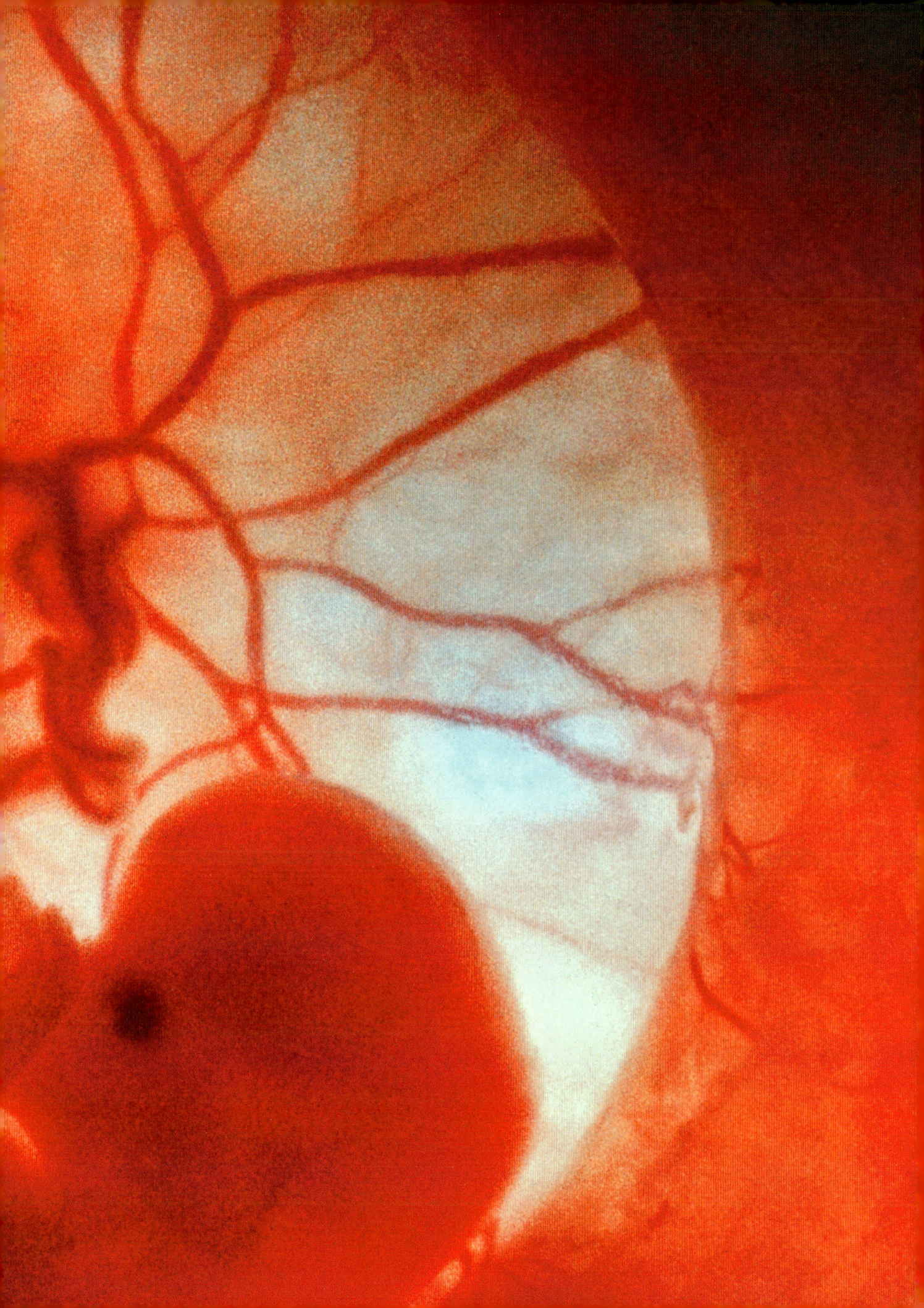

在显微镜的镜头之下，时间的流转变得更为细腻且微妙。一滴晨露之中，微生物的世界正上演着一场无声的狂欢。它们或悠然自得，或匆匆奔忙，在这微小而短暂的生命旅程中，演绎着属于它们的悲欢离合。

每一粒尘埃，每一片落叶，都藏着不为人知的秘密。摄影师以独特的视角，将这些微观的生命永远定格。在这一刻，我们仿佛能够听到它们的呼吸，感受到它们的脉动，领略到大自然最为原始且纯粹的美。

这些微小的生命，尽管在人类的眼中微不足道，但它们却拥有属于自己的世界和故事。在晨露的滋养下，它们或聚集成群，或独自游走，各自演绎着生命的精彩。有的微生物似乎在寻找着食物，它们用纤细的触角探索着周围的环境，一旦发现目标便迅速行动;有的则像是在进行某种仪式，它们围绕着某个中心点旋转、跳跃，仿佛在庆祝着某个重要的时刻。

在微观的世界里，时间仿佛放慢了脚步，让我们有机会细细品味生命的每一个瞬间。每一滴晨露，都像是大自然精心布置的舞台，为这些微小的生命提供了一个展示自我的空间。而摄影师的镜头，则像是一扇窗，让我们得以窥见这个奇妙而神秘的世界。

微观视线

03

Microscopic Perspective

脱氧核糖核酸
DNA

▶ DNA 的模型。视觉中国

脱氧核糖核酸（简称 DNA）是构成生物体遗传信息的基础分子，它携带着生物体生长、发育、繁殖和代谢等所有生命活动的指令。DNA 的双螺旋结构，如同生命的密码锁，隐藏着无尽的奥秘。每一段 DNA 序列，都是大自然精心雕琢的艺术品，记录着生命的起源、演化和多样性。生命之美，在于 DNA 的精确与复杂，它让每一个生命体都独一无二，构成了这个多彩世界的基石。

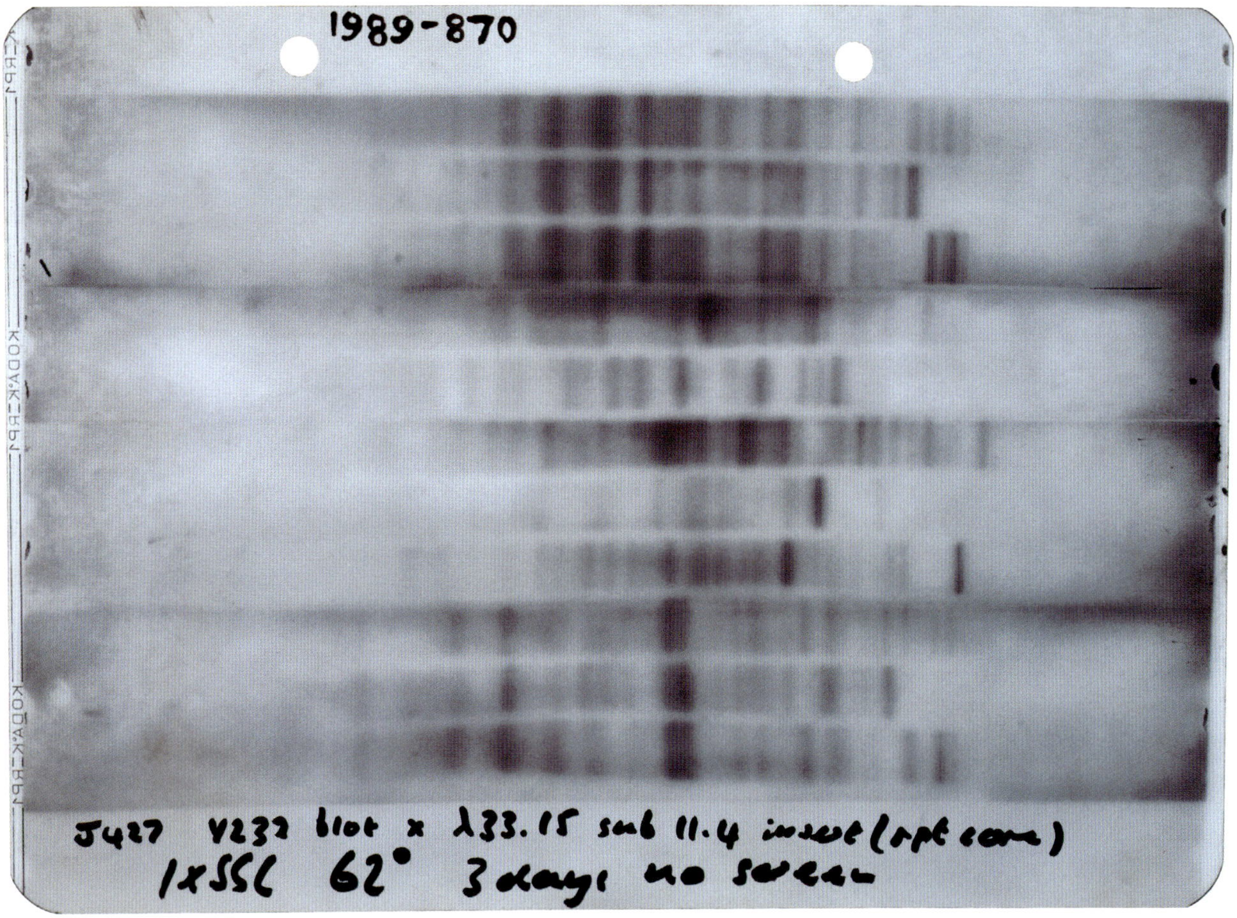

▲ 1984 年 9 月 19 日，亚历克·杰弗里斯在莱斯特大学制备了第一张 DNA 指纹的放射自显影图。杰弗里斯是第一个发现一系列针对高变 DNA 序列探针的科学家。这些 DNA 区域由许多相同的序列重复组成（串联重复序列）。由于高变 DNA 在个体之间差异显著，个体之间共同条带的存在表明他们之间存在亲缘关系。结合南方印迹法（Southern Blotting，以其开发者 Edwin Southern 的名字命名），杰弗里斯开发了一种分析方法，通过这种方法他可以观察这些序列并发现群体中个体之间的差异。这项技术在法医学中具有广泛的应用。视觉中国

◀ 詹姆斯·沃森和弗朗西斯·克里克发现了 DNA 分子的双螺旋结构，并因此与莫里斯·威尔金斯共同获得了诺贝尔生理学或医学奖。视觉中国

微观影像
Microscopic Imaging

▶ 蓝孔雀的孔雀翎。视觉中国

电子显微镜摄影通过高能电子束穿透或反射样本，揭示了肉眼无法观察到的微观世界。这种技术能够将物体放大数百万倍，展现出细胞、细菌、病毒甚至分子层面的精细结构，如细胞器的复杂排列、蛋白质的立体构象或纳米材料的原子排列。电子显微镜摄影不仅为生物学、材料学和医学研究提供了关键工具，还让我们直观地看到了生命的多样性与复杂性。例如，它揭示了病毒的外壳蛋白结构、细胞内的线粒体网络，以及纳米颗粒的精确形态。这些图像不仅是科学研究的助手，也让我们对微观世界的秩序与美感有了全新的认识。

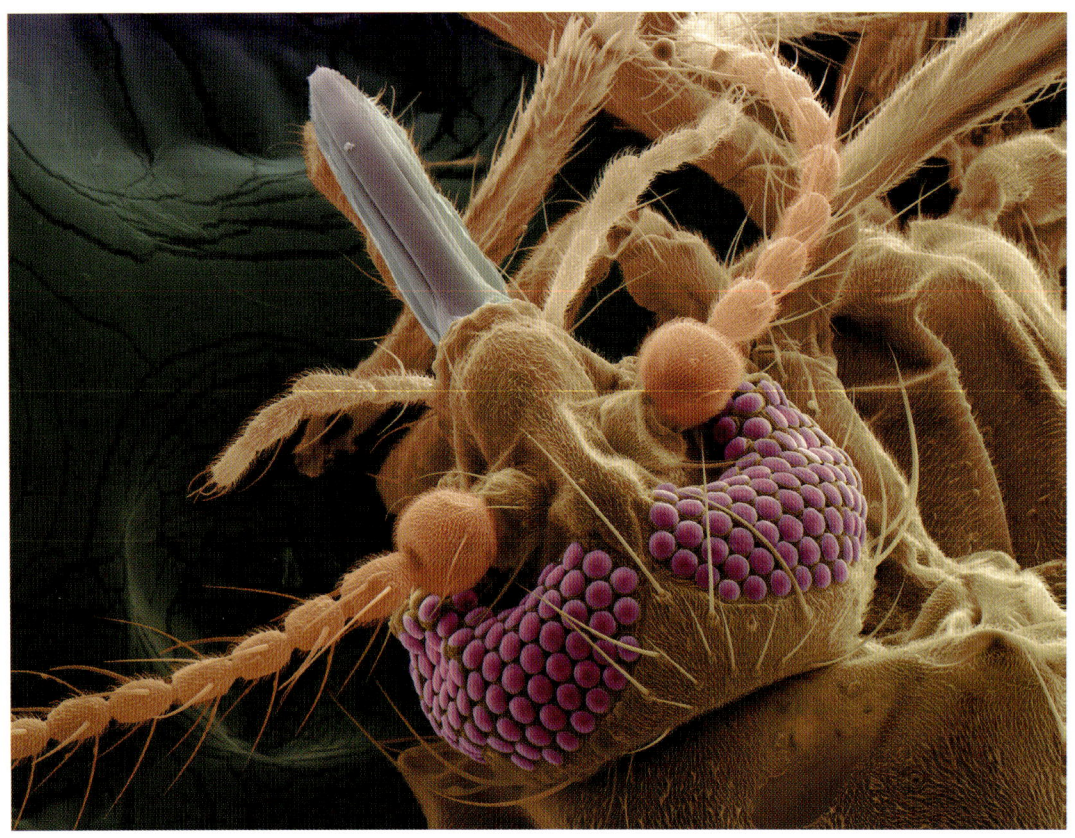

▲ 电子显微镜下的蚊子。视觉中国

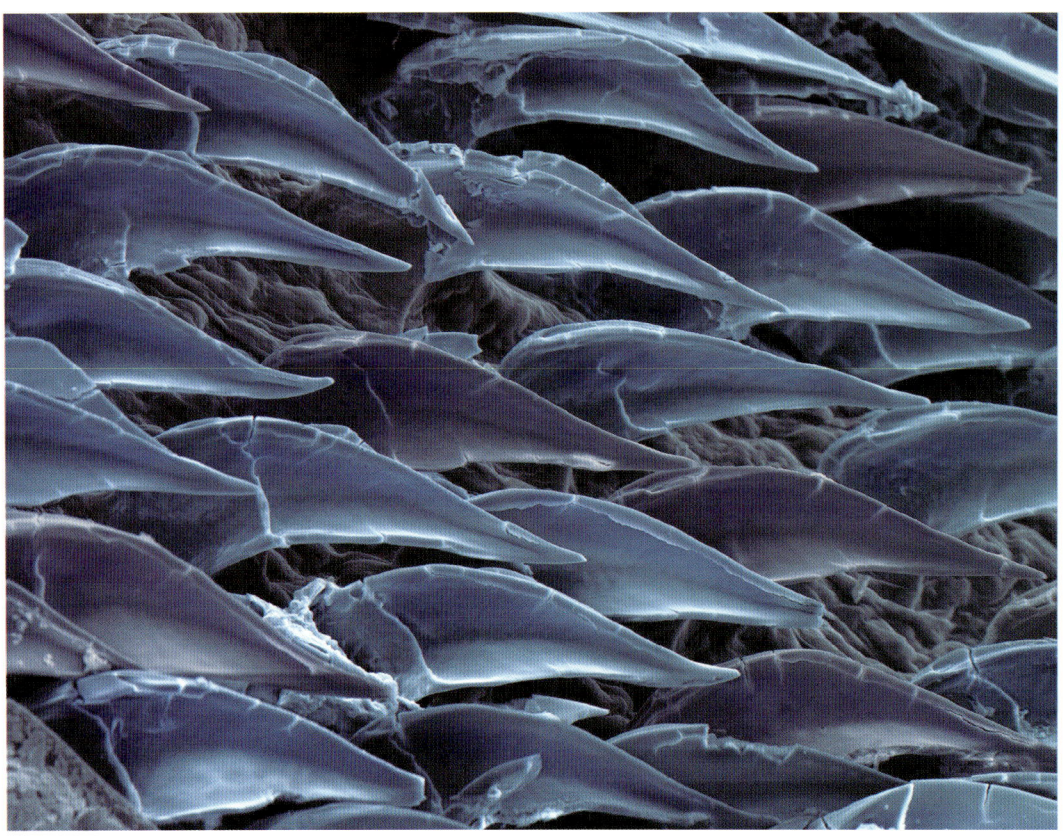

▲ 经电子显微镜放大后的鲨鱼皮肤。视觉中国

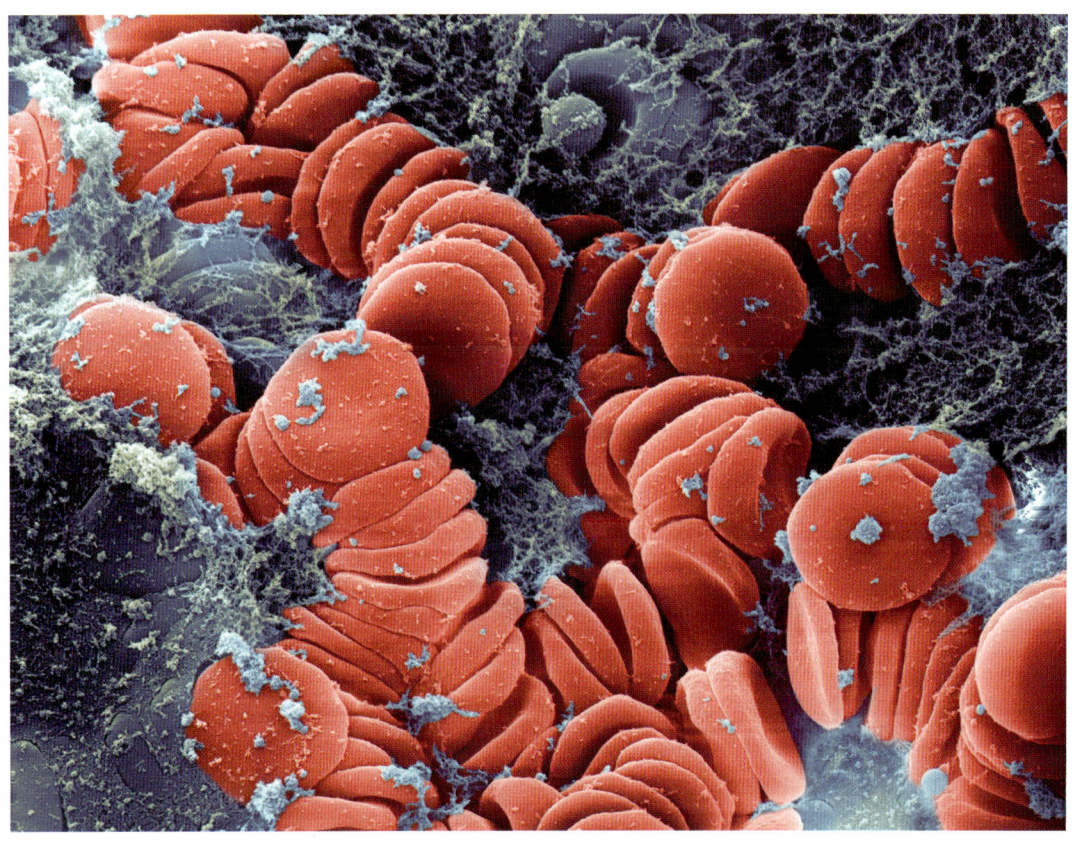

▲ 电子显微镜下的红细胞。视觉中国

▲ 电子显微镜下的蝴蝶翅膀枝干。视觉中国

真菌
Fungi

▶ 一根朽木之下,土壤中长出牛肝菌,朽木上生出珊瑚菌,它们的作用都是分解植物的残骸。这张照片拍摄于云南高黎贡山。
范毅 摄

▼ 暴雨过后,蜡蘑的表皮下蓄积雨水,还有气泡。这张照片拍摄于昆明棋盘山。范毅 摄

作为微生物界的一大类群,真菌以其独特的形态和生存方式,在微观世界中占据着举足轻重的地位。它们不像单细胞细菌那样生活,而是以菌丝构成的复杂网络,覆盖在土壤、木材、食物甚至活体组织上。真菌的种类繁多,形态各异,有的呈丝状蔓延,有的则形成美丽的孢子结构,宛如微观世界中的艺术品。在潮湿的环境中,真菌尤为活跃。它们通过分解有机物来获取营养,不仅促进了自然界中的物质循环,还为许多生态系统提供了重要的生态服务。例如,蘑菇作为真菌的一种,不仅为人类提供了美味的食物,还在森林生态系统中扮演着分解者的角色,帮助树木残骸回归土壤,为新的植物生长提供养分。

此外,真菌与人类的关系远不止于此。一些真菌被用于食品发酵,如酿酒、制作面包和奶酪等,它们通过代谢作用赋予食品独特的风味和质地。然而,也有一些真菌对人类构成威胁,如引起植物病害、食物腐败以及人类疾病等。但正是这些多样性和复杂性,使得真菌成为微生物学研究中的重要对象,也让我们对微观世界的生命多样性有了更深刻的认识。

微陨星
Micrometeorite

▶ 微陨星。视觉中国

▼ 电子显微镜下的微陨星。视觉中国

微陨星是直径通常小于 1 毫米的宇宙尘埃颗粒，主要来源于小行星、彗星或行星碎片的碰撞与分解。它们以极高的速度进入地球大气层，经过高温燃烧后，残留的微小颗粒降落到地表。微陨星广泛分布在地球的极地冰层、深海沉积物，甚至城市屋顶的尘埃中。科学家通过高精度仪器收集并研究这些微小颗粒。在电子显微镜下，微陨星的表面通常呈现出熔融、气化或撞击的痕迹，这些特征揭示了它们在进入大气层时经历的高温与高压过程。通过分析微陨星的成分和结构，科学家可以推断其来源，了解太阳系早期的物质组成，甚至探索行星形成的过程。微陨星不仅是宇宙物质的缩影，也是连接地球与星际空间的"信使"，为我们揭示宇宙的演化历史提供了宝贵线索。

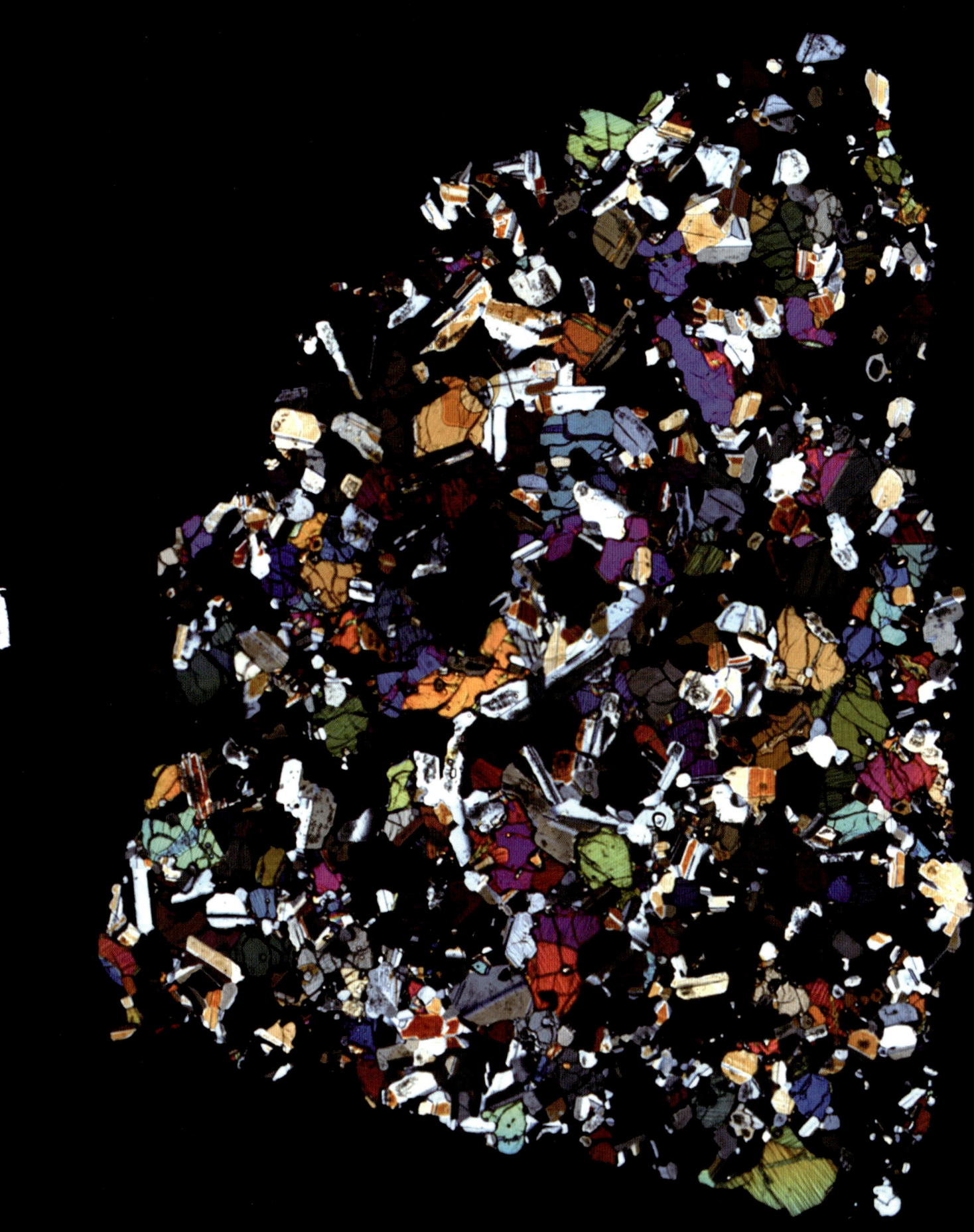

雪花晶体
Snowflake

▶ 显微镜下的雪花晶体。视觉中国

雪花始于云中过冷水滴在凝结核上的冻结，随后通过水蒸气扩散形成冰晶，其独特的六边形对称结构源于水分子在结晶过程中形成的晶格排列。每一片雪花的形态都受到温度、湿度等大气条件的精确调控，因此几乎没有两片雪花是完全相同的。通过显微摄影，科学家能够捕捉到雪花在微观尺度上的复杂细节，如分支、棱角和表面纹理，这些特征揭示了雪花生长过程中的动力学机制和结晶规律。显微摄影不仅让我们欣赏到雪花的自然之美，还为气象学和材料学研究提供了重要数据。例如，通过分析雪花的形态，科学家可以推断其形成时的环境条件，甚至为人工控制晶体生长提供灵感。雪花不仅是冬季的标志性符号，也是自然界中科学与艺术的完美结合。

▲ 世界上没有两片完全相同的雪花，但如果借助计算机，可以得到一片"独一无二"的"算法雪花"。无论是真实的雪花，还是计算机生成的虚拟雪花，都在某种程度上印证了老子《道德经》中的那句话："一生二，二生三，三生万物。"一个小小的晶核，通过特定的规律或机制，演化出千奇百怪的雪的世界。雪花从晶核到长成，往往需要1万至3万步迭代计算，上图截取了同一片雪花生长过程中的关键6步，制作成1~6阶大小不等的雪花模型，能够整体反映雪花的生长进程。1阶雪花处于幼年阶段，6阶雪花处于成熟阶段，但它们都是同一片雪花！

创作背景："雪花工场"是一整套根据水蒸气结晶的物理模型而编写的算法程序，通过控制温度、湿度等物理参数影响雪花的结晶形态，从而形成千变万化的雪花影像。编写"雪花工场"这组作品所用的程序花费了一年半的时间，其间参考了大量前人研究的水分子结晶的理论和相关算法，中间历经5次重写，第一片雪花终于"生长"出来。孙略 / 视觉中国

病毒
Virus

▶ 这张透射电子显微镜（TEM）图像展示了马尔堡病毒的超微结构形态，该病毒是马尔堡出血热的病原体。马尔堡出血热是一种罕见且严重的高致命性传染病，可感染人类和非人类灵长类动物。该病毒属于丝状病毒科，是一种基因独特的动物源性 RNA 病毒，其发现促使了丝状病毒科的建立。目前，丝状病毒科中已知的其他成员只有 5 种埃博拉病毒。这张照片由美国疾病控制与预防中心（CDC）的弗雷德里克·墨菲博士（Dr. Fredrick Murphy）和西尔维娅·惠特菲尔德（Sylvia Whitfield）拍摄于 1976 年。视觉中国

它们无处不在，却常常隐匿于我们的视线之外，以微小之姿，展现着生命的顽强与多样。病毒，这一微观世界的居民，虽然常被视为疾病的代名词，但在电子显微镜下却展现出令人惊叹的形态：有的如精致的几何图形，对称而有序；有的则似流动的艺术品，线条柔美且富有变化。这些微小的生命体，以它们独有的方式，诠释着生命的奥秘与宇宙的法则。病毒的存在，也促使人类不断探索。科学家们通过研究病毒，不仅揭示了生命的起源与演化，还为疾病的预防与治疗提供了宝贵线索。

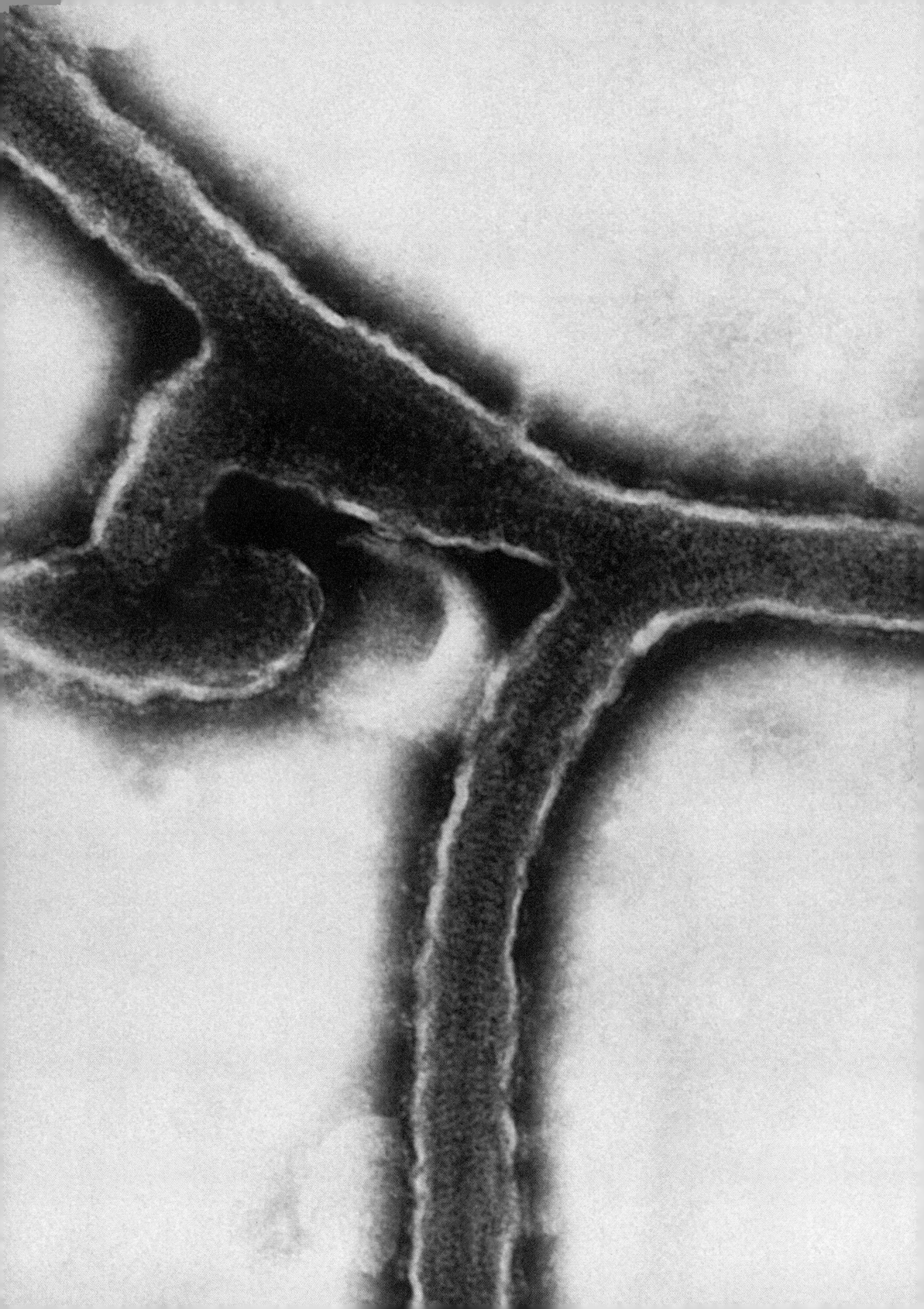

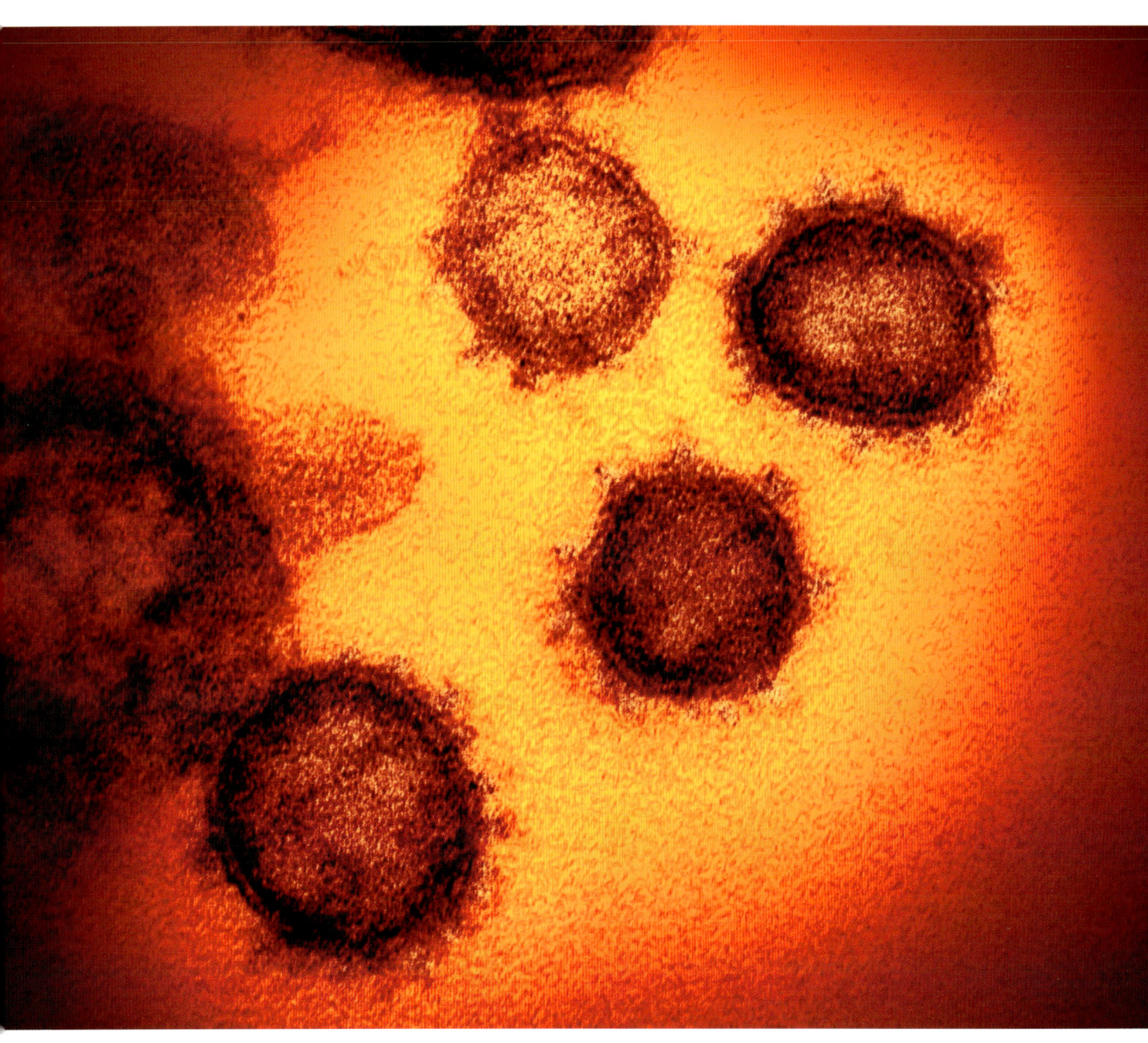

▲ 透射电子显微图像显示的新冠病毒照片。视觉中国

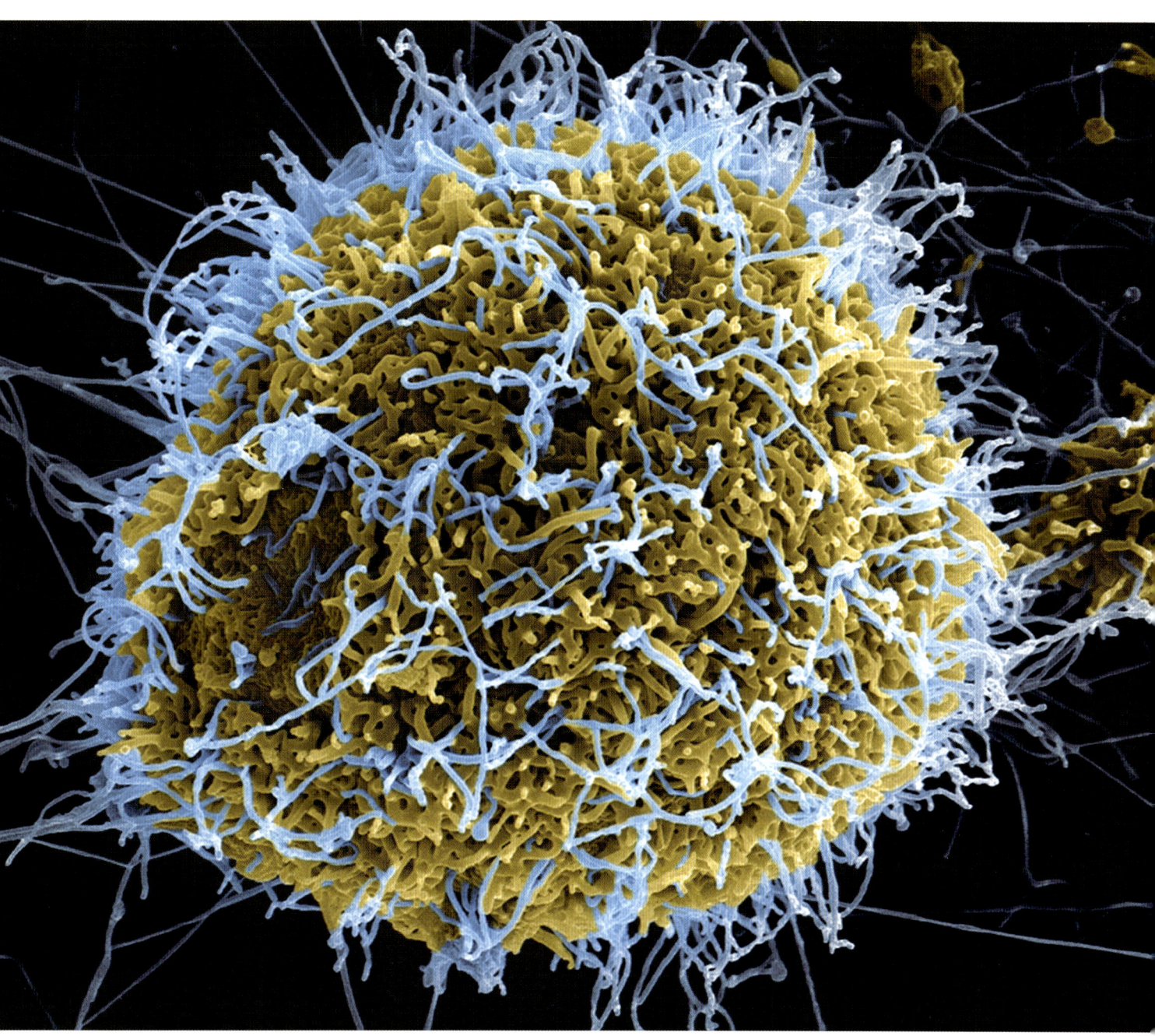

▲ 这张经过数字着色的扫描电子显微镜（SEM）图像，展示了从慢性感染的VERO E6细胞（黄绿色）中大量芽生的丝状埃博拉病毒颗粒（蓝色）。埃博拉出血热是众多病毒性出血热之一，是一种严重且通常致命的疾病，可感染人类和非人类灵长类动物（如猴子、大猩猩和黑猩猩）。埃博拉出血热由丝状病毒科（Filoviridae）埃博拉病毒属（Ebolavirus）的病毒感染引起。感染后，症状通常突然发作。第一种埃博拉病毒于1976年在现今的刚果民主共和国埃博拉河附近被发现，此后疫情时有发生。视觉中国

浩瀚无垠，繁星点点，每一颗星星都承载着宇宙的奥秘与故事。当我们仰望星空，那深邃的夜空仿佛是一本无字天书，引领着我们去探索、去想象。星空之美，不仅在于它的广阔与神秘，更在于它赋予我们的无限遐想与启示。在科学的光芒照耀下，星空变得更加璀璨夺目，成为人类智慧与梦想的源泉。

科学家们通过观测星空，揭示了宇宙的起源、结构和演化，让我们对这片浩瀚天地有了更深刻的认识。从伽利略首次将望远镜对准夜空，到现代天文望远镜捕捉到遥远星系的光芒，每一次科技进步都让我们离星空更近一步。星空不仅是美的象征，更是科学探索的前沿阵地，激发了人类对未知世界的好奇心与求知欲。在星空的照耀下，科学之美得以彰显，引领着我们不断前行，追寻宇宙的终极奥秘。

空间

04

Space

黑洞
Black Hole

▶ 事件视界望远镜（Event Horizon Telescope, EHT）拍摄的一幅壮观图像，展示了银河系中心超大质量黑洞周围的磁场。天文学家以 M87 星系中心超大质量黑洞的喷流为研究对象，针对当前重要的两种黑洞喷流模型的正确性开展了研究。视觉中国

作为宇宙中最神秘的天体之一，黑洞的引力强大到连光也无法逃脱，形成了一片绝对黑暗的区域。尽管我们无法直接观测到黑洞本身，但通过其周围天体的光线运动轨迹，科学家们已经能够确认它们的存在。黑洞，作为宇宙中的"隐形巨兽"，既是物理学研究的热点，也是激发人类无限遐想的天体奇观。

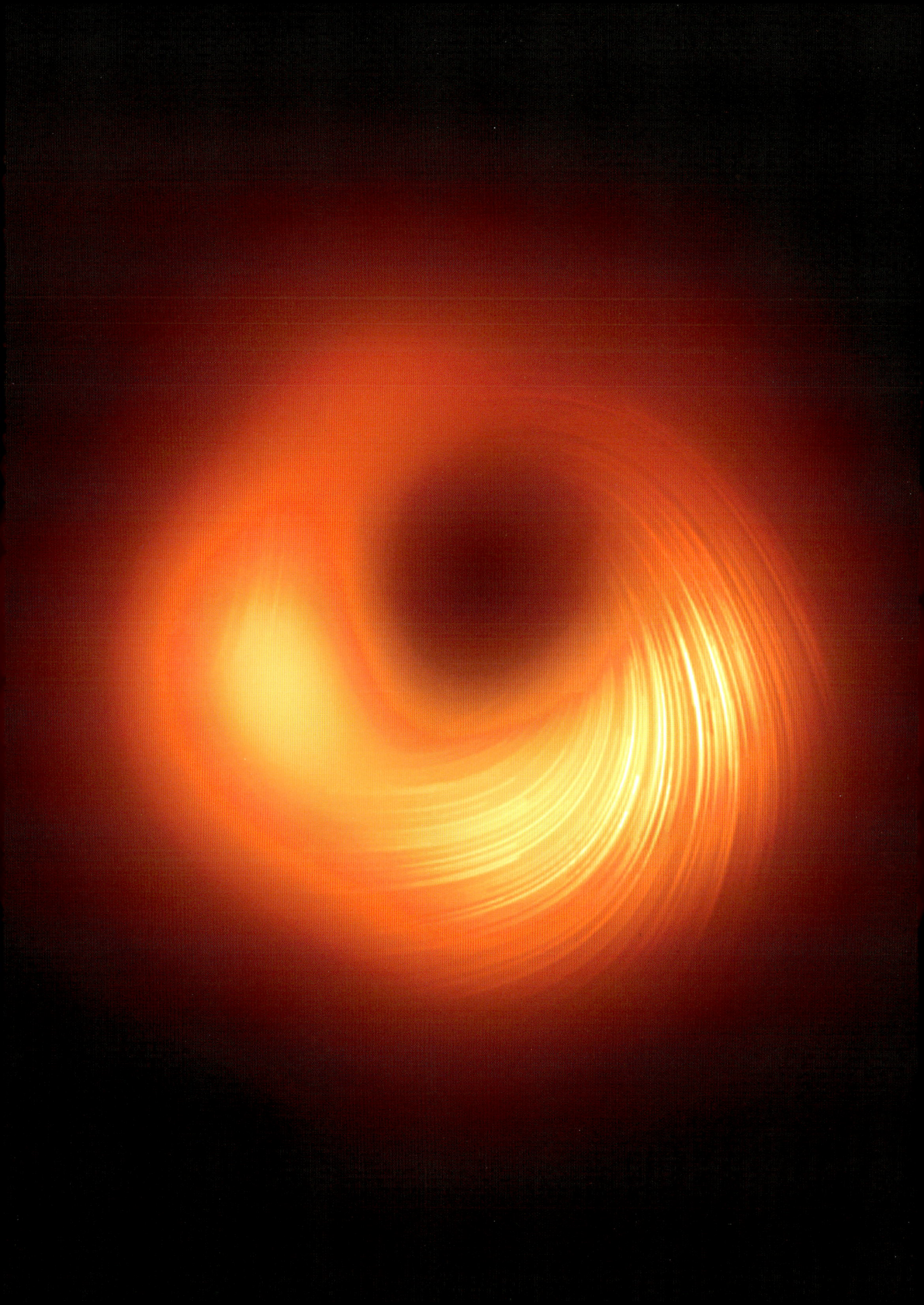

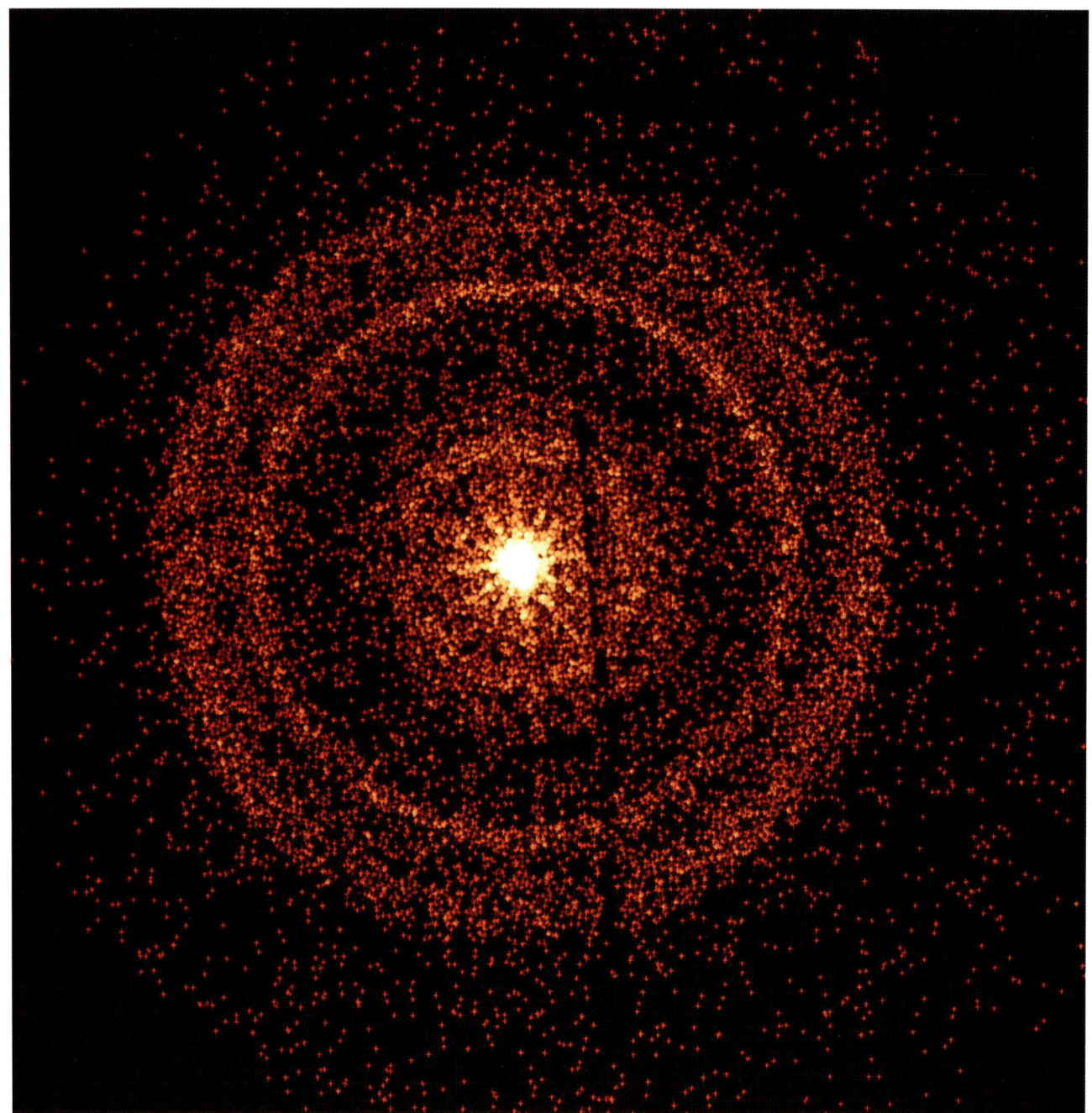

▲ Swift 卫星全称为"伽马暴快速反应探测器"(Swift Gamma-Ray Burst Mission),是一颗专门用于观测伽马射线暴的天文卫星,由美国、英国、意大利联合研制,于 2004 年 11 月 20 日发射。图为 Swift 卫星的 X 射线望远镜在首次探测到伽马射线暴 GRB 221009A 约一小时后捕捉到其余晖。明亮的光环是由银河系中原本不可见的尘埃层散射 X 射线形成的,这些尘埃恰好位于爆发方向。天文学家观测到了有史以来最明亮的闪光,该事件发生在距地球 24 亿光年处,很可能由黑洞的形成所引发。视觉中国

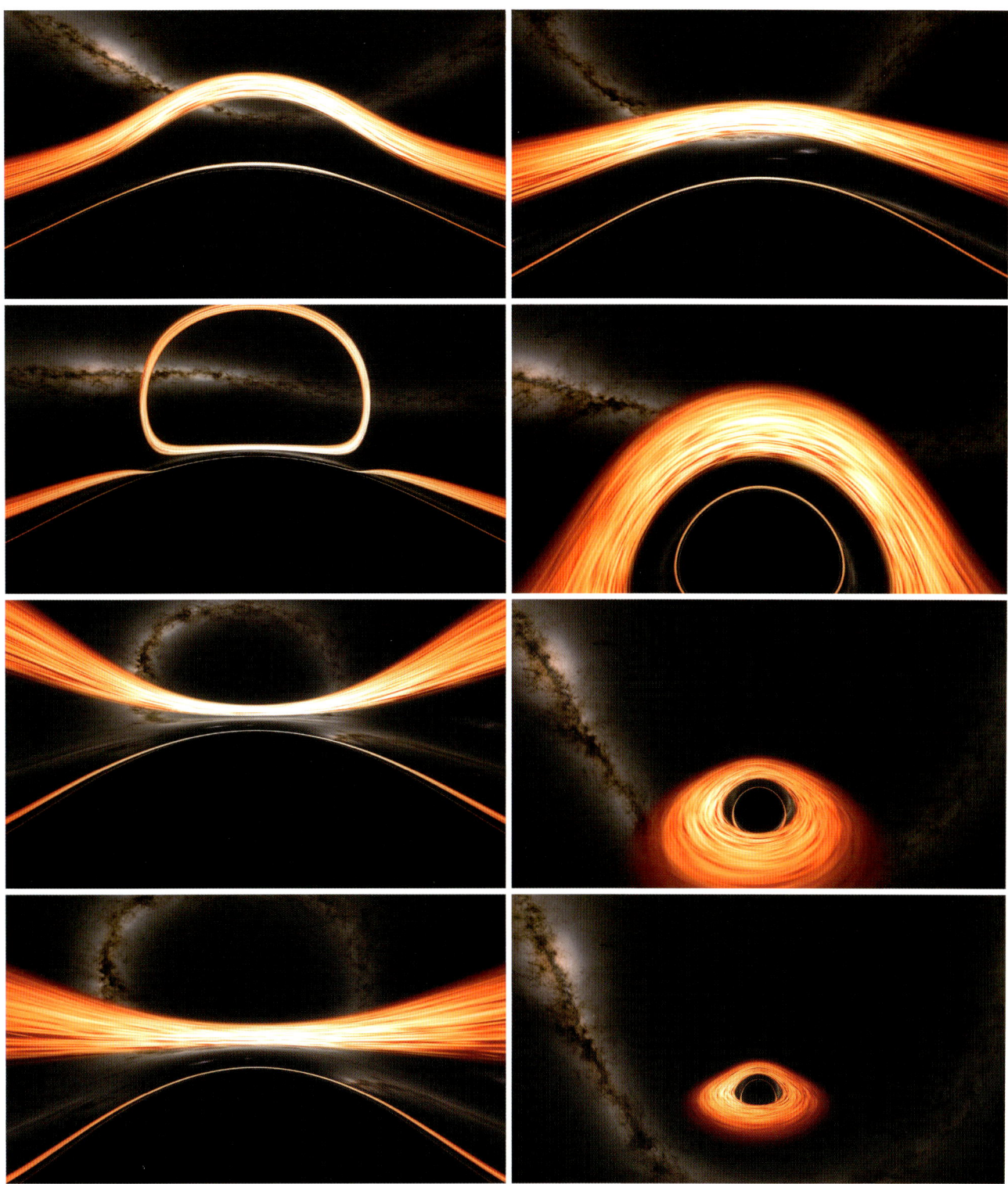

▲ 模拟坠入黑洞的过程。科学家们发布了一段令人难以置信的模拟视频,展示了掉入黑洞时会出现的情景。这段视频利用 NASA 的超级计算机,让观众体验到落入事件视界的过程,即从黑洞中无法逃脱的那一点开始。这段模拟视频跟随摄像机的视角,逐渐靠近、环绕并最终进入类似银河系中心黑洞的庞大黑洞的事件视界。视觉中国

深空影像
Deep Space Imagery

▶ 这张由欧洲南方天文台（ESO）于 2015 年 8 月 3 日提供的图片展示了一个行星状星云。这是一颗垂死恒星的残骸，由位于智利北部的 ESO 甚大望远镜（Very Large Telescope，VLT）拍摄。这是迄今为止获得的关于鲜为人知的天体 ESO 378-1 的最佳图像。视觉中国

深空影像作为人类探索宇宙的重要成果之一，以其独特的魅力吸引着无数人的目光。这些影像不仅展示了宇宙的壮丽与神秘，更揭示了宇宙的奥秘与规律。通过深空影像，我们可以看到遥远的星系、黑洞、星云等天体，它们以各自独特的方式存在着，共同构成了宇宙的宏伟画卷。这些影像不仅让我们对宇宙有了更深入的认识，也激发了我们对未知世界的好奇与向往。在深空影像的引领下，人类将继续探索宇宙的奥秘，追寻那未知的边界。

▲ 在大麦哲伦云中,一个巨大的红色星云 NGC 2014 跟一个较小的蓝色星云 NGC 2020 并排出现。NGC 2014 是一个离地球约 16.3 万光年的大旋涡,上面布满了比太阳大 10 到 20 倍的恒星。较小的蓝色伴星乍一看可能不那么引人注目,但它的核心却是一颗巨大的单一恒星,其亮度是太阳的 20 万倍。这些星系被称为"宇宙暗礁",因为它们跟丰富的海底世界相似。视觉中国

▲ 2022 年 1 月 27 日,NASA 的天文学家们利用 X 射线偏振探测仪 (IXPE),首次测量并绘制了来自一颗爆炸恒星残骸——仙后座 A 的偏振 X 射线图像。这一发现为年轻的超新星残骸的性质提供了新的启示,这些残骸将粒子加速到接近光的传播速度。视觉中国

▲ 詹姆斯·韦布空间望远镜的近红外相机（NIRCam）拍摄的图像展示了暗云 L1527 内的原恒星。这颗原恒星嵌入一团为其生长提供物质的云层中。恒星的喷流在其上下方清出了空腔，这些空腔的边界在红外视角下呈现出橙色和蓝色。上方的中央区域显示出类似气泡的形状，这是恒星"打嗝"或间歇性喷流造成的。

NASA 的詹姆斯·韦布空间望远镜揭示了暗云 L1527 内原恒星曾经隐藏的特征，为人们了解一颗新恒星的诞生提供了新的视角。这些位于金牛座恒星形成区域内的炽热云团仅在红外光下可见，使其成为詹姆斯·韦布空间望远镜近红外相机（NIRCam）的理想观测目标。

原恒星隐藏在沙漏形的"颈部"，一个侧向的原行星盘以黑线的形式横穿颈部中央。原恒星的光从盘的上方和下方泄漏出来，照亮了周围气体和尘埃中的空腔。

该区域最显著的特征是这张红外图像中的蓝色和橙色云团，它们勾勒出原恒星喷出的物质与周围物质碰撞形成的空腔。颜色本身是由詹姆斯·韦布空间望远镜与云团之间的尘埃层造成的。蓝色区域是尘埃最薄的地方。尘埃层越厚，蓝光越难以逃逸，从而形成橙色区域。

詹姆斯·韦布空间望远镜还揭示了分子氢的细丝，这些细丝在原恒星喷出物质时受到冲击。冲击和湍流抑制了新恒星的形成，否则这些恒星可能会在整个云团中形成。因此，原恒星占据了主导地位，吸收了大部分物质。视觉中国

▲ 詹姆斯·韦布空间望远镜巨大的镀金反射镜。视觉中国

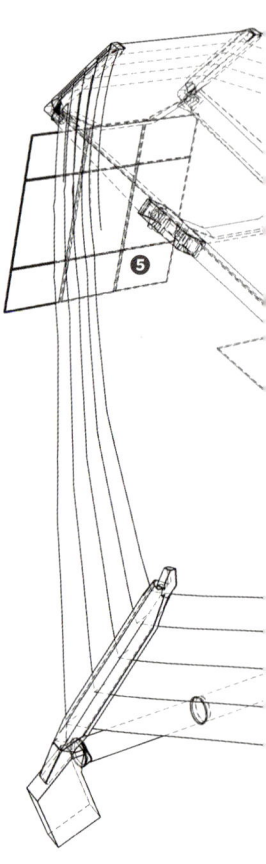

① 主镜面（Primary Mirror）：位于结构的前方，由多个六边形镜面组成，用于收集光线。
② 次镜面（Secondary Mirror）：位于主镜面后方，将收集到的光线反射到科学仪器。
③ 科学仪器模块（Science Instrument Module, SIM）：包含望远镜的科学仪器，用于观测和分析收集到的数据。
④ 遮阳板（Sunshield）：位于结构的一侧，用于保护望远镜免受太阳和地球的热量影响，保持低温。
⑤ 太阳帆板（Solar Panel）：虽然在这张图中可能不明显，但通常位于结构的一侧，为望远镜提供电力。
⑥ 高增益天线（High Gain Antenna）：用于与地球通信，传输数据和接收指令。

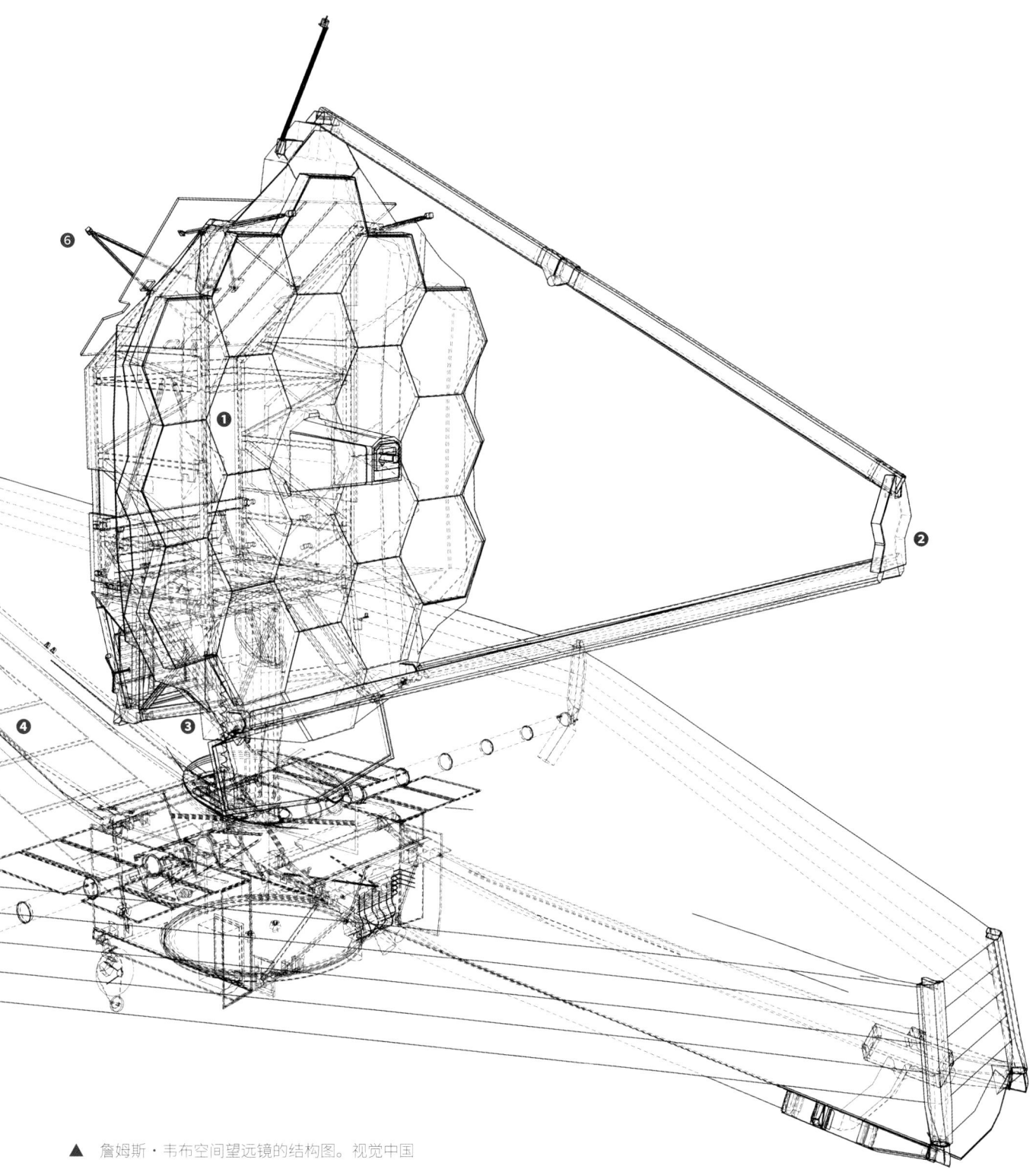

▲ 詹姆斯·韦布空间望远镜的结构图。视觉中国

作为人类探索宇宙的新利器，詹姆斯·韦布空间望远镜以其卓越的性能和先进的技术，成为当今最引人注目的太空观测设备之一。它接替了哈勃太空望远镜的使命，继续深入探索宇宙的奥秘。詹姆斯·韦布空间望远镜采用了先进的红外探测技术，能够在极远的距离上捕捉到宇宙中的微弱信号，揭示出更多关于宇宙起源、星系演化以及生命存在的可能性。它的设计精妙，能够在极端的环境中保持稳定，确保观测数据的准确性和可靠性。通过詹姆斯·韦布空间望远镜，人类将能够更深入地了解宇宙的奥秘，进一步拓展我们对宇宙的认知边界。

木星
Jupiter

▶ 2022年8月22日,NASA发布了詹姆斯·韦布空间望远镜用滤镜F212N(橙色)和F335M(青色)合成的木星图像。视觉中国

作为太阳系中最大的行星,木星以其壮丽的星空之美而闻名。它的夜空中布满了绚丽的条纹和旋涡,这些动态的气象现象是由木星大气中的强烈风暴和气流造成的。最引人注目的是木星的大红斑,这是一个持续了几个世纪的巨大风暴,其大小足以容纳下整个地球。木星的极区还呈现出独特的极光现象,这些极光在夜空中舞动,犹如绚烂的画卷,令人叹为观止。木星的星空之美,不仅展示了其作为太阳系巨行星的独特魅力,也激发了人类对宇宙奥秘的无限遐想。

▲ 这张卫星图像展示了木星四颗大卫星中最小的木卫二（Europa）表面的红色条纹。新型含盐冰的发现可能解释了这些条纹中的物质，并为木卫二冰层下海洋的组成提供了线索。长期以来，科学家们怀疑这是一种由水和盐组成的冷冻混合物，但其化学特征却非常神秘，因为它与地球上任何已知物质都不匹配。华盛顿大学的科研团队认为，他们通过发现一种新型固体晶体解开了这一谜题。这项研究于 2023 年 2 月 20 日发表在《美国国家科学院院刊》（Proceedings of the National Academy of Sciences）上，宣布了地球上两种最常见物质——水和氯化钠（食盐）——的一种新组合。"如今，在科学领域做出基础性发现非常罕见。"华盛顿大学地球与空间科学系代理助理教授巴蒂斯特·约尔诺（Baptiste Journaux）说，"在地球条件下，盐和水是很常见的。但除此之外，我们就一无所知了。而现在，我们发现这些行星天体可能含有我们非常熟悉的化合物，但它们处于非常特殊的环境中。我们必须重新进行 19 世纪人们所做的基础矿物学研究，但要在高压和低温条件下进行。这是一个激动人心的时刻。"视觉中国

▲ 1994 年，舒梅克 - 列维 9 号彗星撞击木星。这组照片是用 MPG/ESO 望远镜和红外阵列相机（IRAC）拍摄的。MPG/ESO 望远镜是欧洲南方天文台设置在智利拉西拉天文台的口径 2.2 米的陆基望远镜。

1994 年 7 月，舒梅克 - 列维 9 号彗星（Shoemaker-Levy 9，简称 SL9）与木星相撞，这是人类首次直接观测到太阳系内的天体碰撞事件。该彗星于 1993 年由天文学家尤金·舒梅克、卡罗琳·舒梅克和大卫·列维发现。由于木星的强大引力，SL9 彗星被撕裂成 21 个碎片，最终以每秒 60 千米的速度撞击了木星的南半球。当时，全球天文学家利用地面望远镜（如哈勃太空望远镜、夏威夷凯克望远镜）和空间探测器（如伽利略号）观测了这一事件。然而，受限于 20 世纪 90 年代的技术水平，观测分辨率较低，直接观测难度很大。尽管如此，撞击产生的巨大火球和暗斑仍被清晰记录，为研究木星大气层和彗星成分提供了宝贵数据。

SL9 彗星撞击事件让人类意识到太阳系内天体碰撞的潜在威胁，并推动了近地天体监测计划的发展。此外，这一事件揭示了木星作为"太阳系清道夫"的角色，其强大引力保护了地球免受更多小天体的撞击。彗星是太阳系中的"冰冻时间胶囊"，保存了太阳系早期的物质信息。通过研究彗星，科学家可以更好地理解太阳系的形成与演化。SL9 彗星的撞击不仅是一次壮观的天文现象，更是人类探索宇宙的重要里程碑。

视觉中国

▲ 这张由 NASA 在 2018 年 6 月 24 日发布的图像，展示了木星北半球内旋转的云带和混乱的旋涡。图像由朱诺号（Juno）探测器于 2018 年 5 月 23 日太平洋时间晚上 10:23 拍摄，当时朱诺号正在进行第 13 次近距离飞掠木星。拍摄时，朱诺号距离木星云顶约 15500 千米，位于北纬 56 度上空。图像中的区域呈现出一定程度的混乱和湍流，可见各种旋转的云层结构。通常，较暗的云层物质位于木星大气层的较深处，而明亮的云层物质则位于较高处。这些明亮的云层很可能是氨或氨与水的混合物，并掺杂了一些未知的化学成分。图像底部中心的一个明亮椭圆形特征尤为突出。在地面望远镜观测中，这一特征呈现均匀的白色，但我们可以观察到这一天气系统内部的精细结构，包括其中的其他细节。该特征内部没有明显的运动迹象，类似于大红斑，其风速可能在接近中心时显著减缓。
视觉中国

# 火星
Mars

▶ 2024 年 7 月 23 日，美国"毅力号"火星探测器。在火星探测器左侧有一块箭头形状的岩石，绰号"Cheyava Falls"。它的特征可能与在遥远的过去火星上是否有微观生命存在的问题有关。岩石上的小黑洞就是"毅力号"采集核心样本的地方，这些样本现在被储存在火星探测器腹部的一个样管里。小黑洞右侧的白色斑块是探测器使用磨损工具清除顶部表面的地方，以便科学仪器研究岩石的组成。"毅力号"搭载的仪器分析表明，岩芯样本中含有化学特征和结构，可能是该地区曾存在流动水时由生命所形成的。尽管这些特征可能暗示古代微生物生命的存在，但科学家们仍在考虑其他解释，并需要进一步研究来验证这一假设。
视觉中国

火星，这颗被誉为"红色星球"的天体，自古以来便激发了人类无尽的好奇与遐想。它那独特的红色外观，在夜空中犹如一盏明灯，引领着探索者前行的步伐。火星不仅拥有壮丽的火山景观，如奥林波斯山——太阳系中已知的最大火山，还有着深邃的峡谷系统。其中最著名的便是水手号峡谷群，其规模之大，足以媲美地球上的大峡谷。

火星的气候条件虽极端，却可能隐藏着生命。科学家们在其极地冰盖中发现了水冰的存在，这一发现极大地提升了火星成为太阳系中除地球外可能存在生命的地方的希望。此外，火星的大气虽然以二氧化碳为主，但微量的甲烷等气体的存在，也为研究火星上的生物化学过程提供了线索。

人类对火星的探索从未停歇，从早期的火星探测器到如今雄心勃勃的载人火星任务计划，每一步都凝聚着人类对未知世界的渴望与追求。火星，这颗遥远而神秘的星球，正以其独有的魅力，吸引着人类不断前行，去揭开它那层神秘的面纱。

中国对火星的探测始于 21 世纪初，随着科技的不断进步，中国国家航天局（CNSA）也加入了全球火星探测的行列。2020 年，中国的"天问一号"探测器成功发射，标志着中国首次独立进行火星探测任务。该任务旨在通过环绕、着陆和巡视探测，对火星的表面形貌、土壤特性、大气成分、磁场和内部结构等进行综合研究。"祝融号"火星车成功登陆火星乌托邦平原，开展了多项科学实验，为人类深入了解火星提供了宝贵数据。中国对火星的探测不仅展示了其航天技术的飞跃，也体现了人类对宇宙奥秘的不懈探索精神。未来，中国计划继续深化对火星的探测，为人类揭开火星更多未知的秘密贡献力量。

▲ 这张由 18 张图像拼合而成的照片,展现了火星耶泽罗陨击坑沃什伯恩山上的巨石群景观。"毅力号"火星探测器于 2024 年 5 月 27 日拍摄了这些照片,这是该任务的第 1162 个火星日。这张彩色增强版的图像经过了色彩处理,以提高视觉对比度,突出颜色差异,使火星岩石呈现蓝色。视觉中国

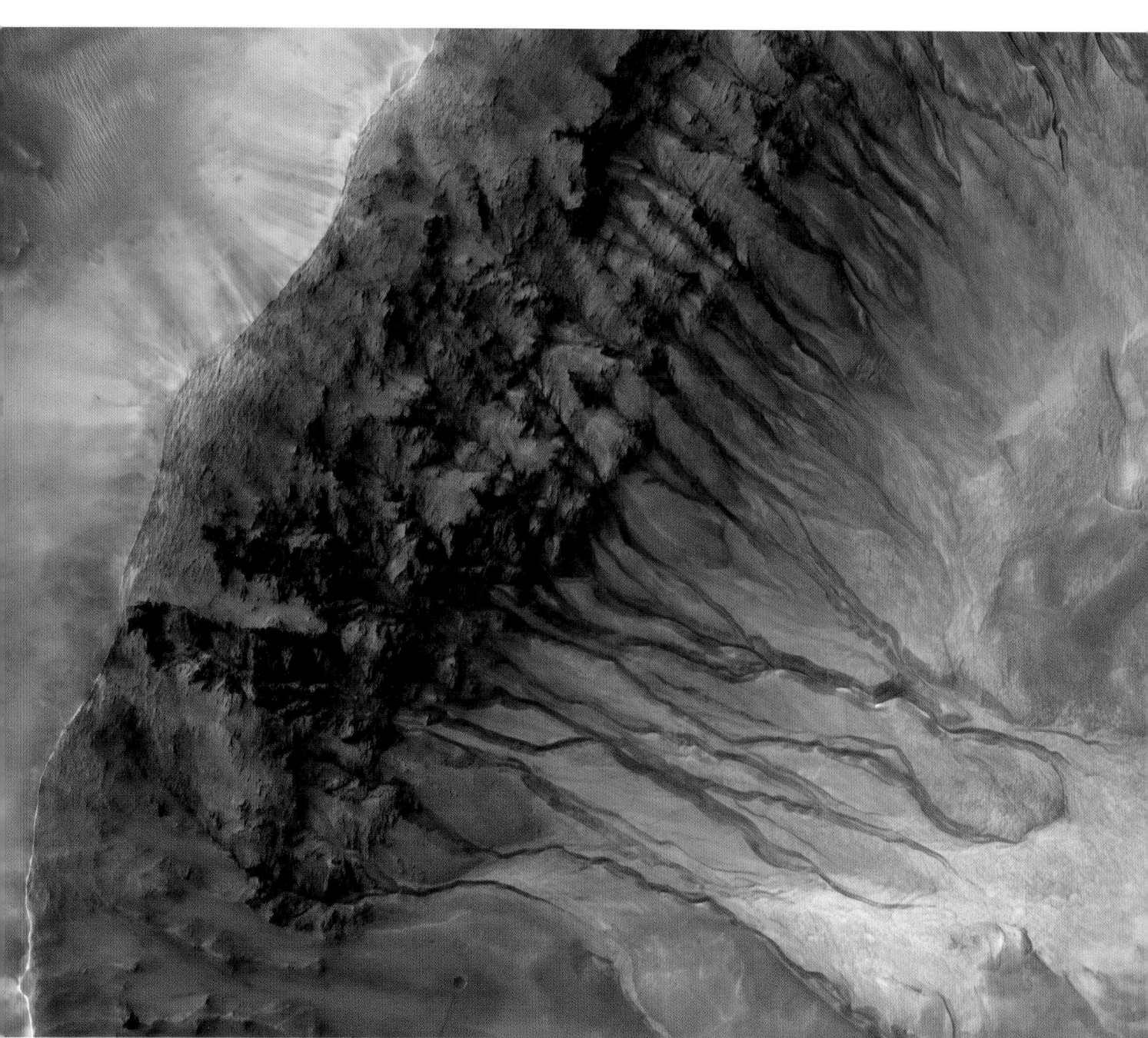

▲ "天问一号"是中国首次火星探测任务探测器,包括环绕器、着陆器和巡视器("祝融号"火星车)三部分。长征五号火箭成功将"天问一号"送入地火转移轨道,开启了中国的火星探测之旅。2021 年 5 月 15 日,"天问一号"成功软着陆于火星表面,标志着中国成为继美国之后第二个成功实现火星表面软着陆并开展巡视探测的国家。图为 2022 年 4 月 17 日,"天问一号"高分辨率相机拍摄的火星特里奥莱陨击坑坑壁的"季节性斜坡纹"。中国国家航天局 / 视觉中国

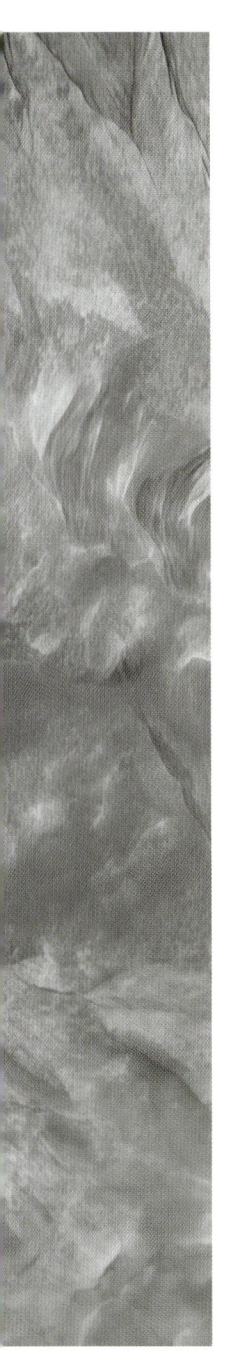

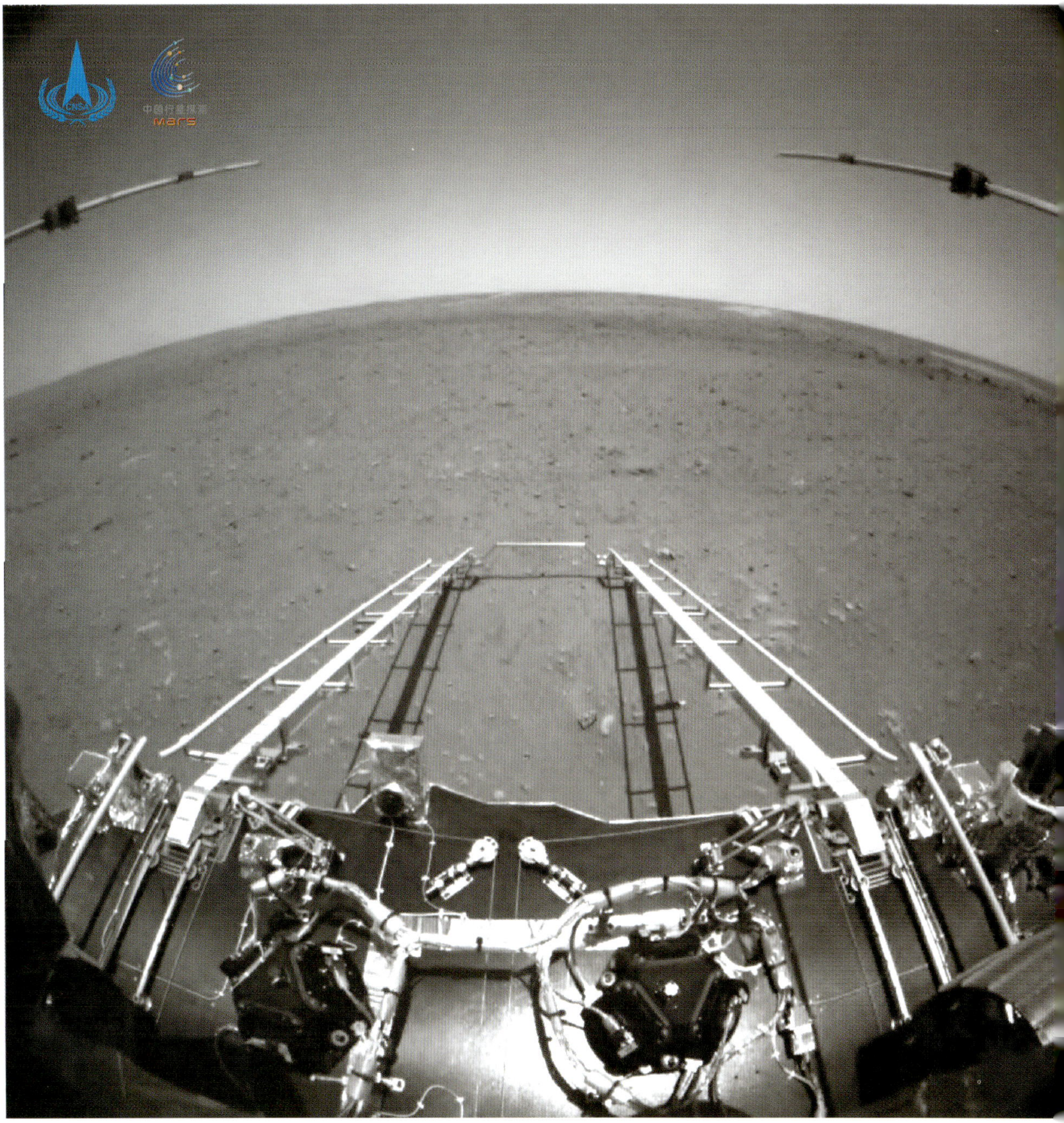

▲ 中国国家航天局于2021年5月19日发布我国首次火星探测任务"天问一号"探测器着陆过程两器分离和着陆后火星车拍摄的影像。图中,着陆平台和"祝融号"火星车的驶离坡道、太阳翼、天线等机构展开正常到位。
中国国家航天局 / 视觉中国

火星 | MARS

人类历史上具有代表性的火星探测器任务

苏联

1960 火星 1A 号（Korabl 4）发射失败
1971 火星 2 号（Mars 2）环绕成功，着陆失败
1971 火星 3 号（Mars 3）环绕成功，着陆部分成功

火星 1A 号

美国

1964 水手 4 号（Mariner 4）飞掠成功
1975 海盗 1 号（Viking 1）环绕成功，着陆成功
1975 海盗 2 号（Viking 2）环绕成功，着陆成功
1996 火星全球探勘者（MGS）环绕成功
1996 火星探路者（Pathfinder）着陆成功
2001 火星奥德赛（Odyssey）环绕成功
2003 勇气号（Spirit）着陆成功
2003 机遇号（Opportunity）着陆成功
2012 好奇号（Curiosity）着陆成功
2018 洞察号（InSight）着陆成功
2020 毅力号（Perseverance）着陆成功

 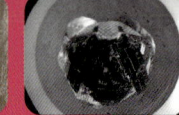

水手 4 号　　勇气号

海盗号　　洞察号

欧洲

2003 火星快车（Mars Express）环绕成功

俄罗斯

2011 福波斯 - 土壤（Phobos-Grunt）发射失败

中国

2011 萤火一号（Yinghuo-1）发射失败
2020 天问一号（Tianwen-1）环绕成功，着陆成功，巡视成功

天问一号

印度

2013 曼加里安号（Mangalyaan）环绕成功

阿联酋

2020 希望号（Hope）环绕成功

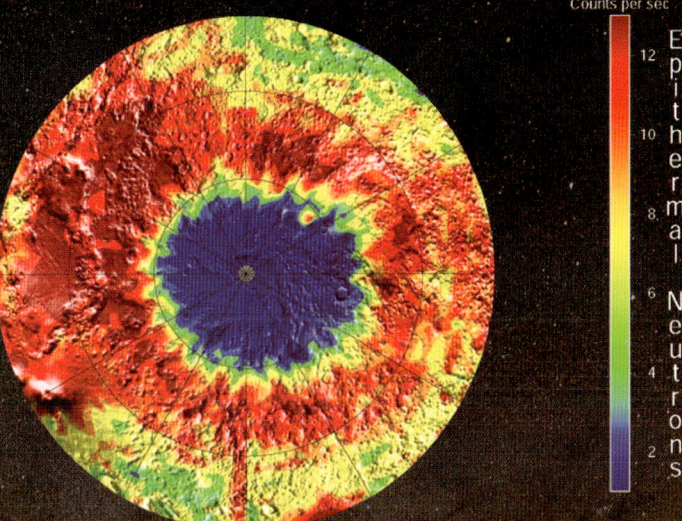

2001年,"火星奥德赛"探测器搭载的中子能谱仪,以中能(超热)中子成像技术呈现了火星南极的景象。地图中深蓝色区域表示土壤富含氢元素,这些位置检测到的超热中子强度较低。

20世纪60年代至今,美、苏、中、欧以递进技术揭开火星奥秘。1971年,苏联"火星3号"首次软着陆却昙花一现;美国从1964年"水手4号"飞越到"毅力号"采样,通过轨道器、着陆器和巡视器建立探测体系,揭示液态水痕迹与宜居潜力;2003年,欧洲航天局"火星快车"发现极地冰层,2016年ExoMars轨道器监测甲烷分布,深化大气研究;2021年,中国"天问一号"单次实现绕、着、巡,"祝融号"填补中纬度探测空白。各国方法涵盖飞越、轨道遥感、着陆与巡视,目标从技术验证转向生命搜寻与资源评估。这场跨世纪探索不仅推动深空技术跃迁,更以国际合作重构人类对地外生存与宇宙认知的边界。

June 6, 2018 (L_s = 188.5)

2012年8月10日发布的这幅全球火星影像,由火星勘测轨道飞行器搭载的彩色成像仪于同年8月5日拍摄。

"毅力号"火星探测器在火星着陆地点拍摄的首张高清全景图。全景图展示了"毅力号"的 Mastcam-Z 仪器所感知的火星耶泽罗陨击坑。视觉中国

太阳
Sun

▶ 在葡萄牙阿尔克瓦暗空保护区拍摄的日珥。日珥是太阳外层大气（日冕）中由等离子体或电离气体构成的密集云团。视觉中国

作为人类最熟悉的恒星，太阳每天东升西落似乎平凡无奇，但它的一举一动都牵动着地球的命运。当你惊叹于北极光的绚丽时，那其实是1.5亿千米外太阳喷发的带电粒子流（太阳风）闯入地球磁场，与大气碰撞产生的"宇宙烟火秀"；当你的手机导航突然失灵，可能是太阳爆发引发的磁暴扰乱了电离层；甚至你家电表突然跳闸，也可能源于太阳风暴诱发的地磁感应电流——这颗看似温和的黄色火球，实则是地球生态与科技文明的"隐形操盘手"。

近年来，科学家们像给太阳做"CT扫描"般揭开其狂暴本质：美国帕克太阳探测器顶着1400℃高温首次触摸太阳外层大气（日冕），发现那里竟藏着每秒数千次的纳米级磁爆炸，正是这些"微型氢弹"将日冕加热到200万摄氏度；欧洲的太阳轨道器拍下太阳两极"龙卷风"般的磁场旋涡，解释了为何近期太阳黑子数量比预期暴增40%，导致北极光甚至出现在北京上空。中国"羲和号"卫星则如同给太阳做"分子级美甲"，用比头发丝细3万倍的光谱精度，捕捉到太阳表面气体喷流的动态细节。

这些发现不仅是科学突破，更为人类筑起"太阳防线"：通过AI预测太阳黑子活动，我们能在强磁暴来袭前1小时关闭电网脆弱节点，保护全球价值20万亿美元的卫星和基础设施。中国的"夸父一号"监测太阳风暴，让手机导航误差从百米级降至厘米级。下次抬头看阳光时，请记住：这份温暖背后，是人类与恒星之力的永恒博弈。

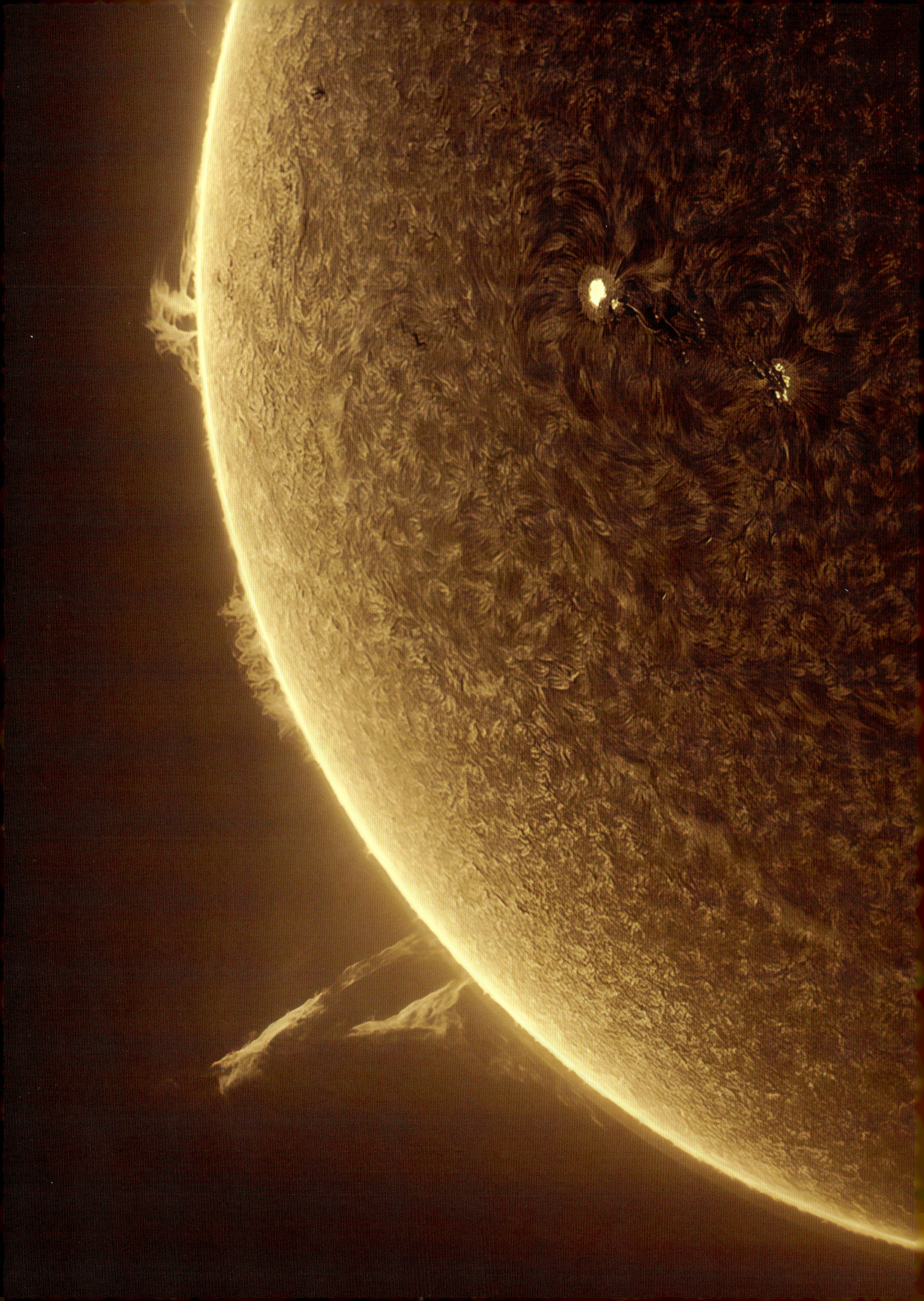

▲ 中国"夸父一号"在太空飞往太阳的示意图。视觉中国

人类太阳探测器里程碑

月球 1 号（1959，苏联）：意外成为首个脱离地球磁场并探测太阳风的航天器。

先驱者 5 号（1960，NASA）：首个探测太阳风的深空探测器。

太阳神 2 号（1976，德国 /NASA）：首次抵近太阳至 0.29 天文单位（4343.2 万千米）。

尤利西斯号（1990，欧洲航天局 /NASA）：首次探测太阳两极磁场。

SOHO 卫星（1995，欧洲航天局 /NASA）：持续监测日冕与太阳风近 30 年。

日出卫星（2006，日本）：实现太阳磁场高精度测绘。

太阳动力学天文台（2010，NASA）：提供 4K 级太阳实时影像。

帕克太阳探测器（2018，NASA）：首个接触日冕的探测器。

太阳轨道探测器（2020，欧洲航天局 /NASA）：首次拍摄太阳极区影像。

羲和号（2021，中国）：全球首个 H-α 波段全日面扫描卫星。

夸父一号（2022，中国）：首颗"一磁两暴"综合观测卫星。

Aditya-L1（2023，印度）：首个聚焦日冕与太阳风耦合机制的亚洲探测器。

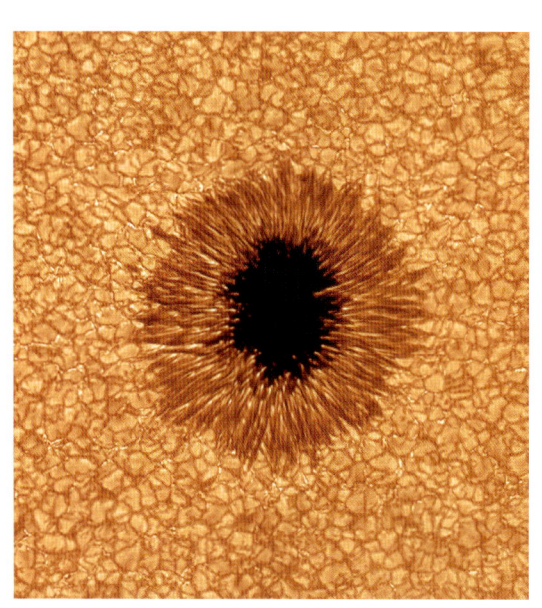

◀ 清晰的太阳黑子影像（2010 年 7 月 2 日摄，2010 年 9 月 1 日发布）。美国大熊湖太阳天文台（BBSO）通过太阳望远镜，在菲利普·R. 古德教授团队指导下，捕捉到精细的太阳黑子结构。图中暗黑色的本影区温度约 3800°C（比周围光球低 1700°C），外围辐射状半影纤维结构延伸超 16000 千米——若将地球（平均直径 12742 千米）置于图中，其尺寸甚至略小于该黑子整体范围（含本影与雏菊花瓣状的半影）。这幅革命性的影像以 0.1 角秒分辨率（相当于从月球表面识别足球场上的硬币）揭示了黑子磁流管精细结构，为研究太阳磁暴起源提供关键线索。视觉中国

▲ 这幅由 NASA 太阳动力学天文台（SDO）拍摄的合成影像，记录了金星从日面缓缓经过的完整轨迹——这颗地球的"孪生姐妹"在太阳耀斑背景映衬下，化作一颗微小却深邃的黑点（直径仅为太阳的1/32）。金星凌日以 8 年、105.5 年、8 年、121.5 年的周期循环上演，上一次发生在 2004 年，而下一次则需等到 2117 年。这一罕见天象不仅是 18 世纪测定日地距离（天文单位）的关键，更为现代天文学家提供了研究系外行星凌星探测技术的天然实验室。视觉中国

▼ NASA 太阳动力学天文台（SDO）捕捉到这场峰值 X 级耀斑爆发。图中左侧日面边缘的明亮光斑即耀斑初始爆发点，其上方日冕层可见炽热等离子体弧状悬浮。SDO 通过多波段成像揭示了不同温度区间的耀斑细节：从百万度的磁环结构到数万度的色球层物质抛射。尽管耀斑的强辐射无法穿透地球大气层直接影响地表生物，但其释放的 X 射线与极紫外辐射可电离高层大气，干扰 GPS 定位精度（误差可达百米级）与短波通信（持续数小时）。视觉中国

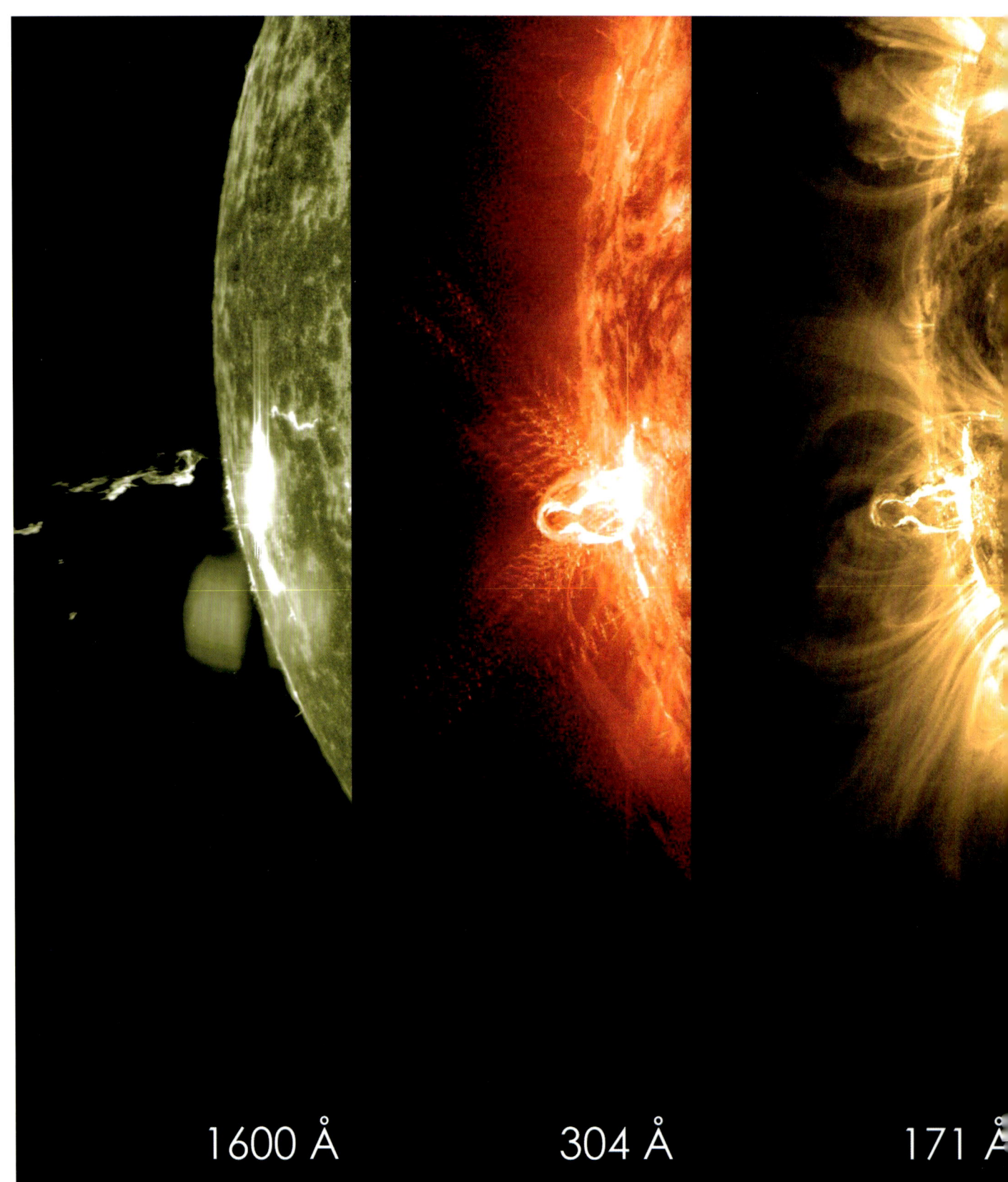

在自然界中,诸多奇观以其独特的方式展现了大自然的非凡造诣。从广袤的海洋到繁茂的森林,从巍峨的山脉到蜿蜒的河流,每一处景观都以其独有的特色,彰显了自然界的深邃与奥妙。

夜幕降临后,繁星点缀的夜空与宁静的海洋形成鲜明对比,仿佛引领人们进入了一个神秘的宇宙空间。

山脉之巅,云雾缭绕,宛如人间仙境。站在山巅远望,群山连绵,气势磅礴,令人对大自然的雄伟与壮丽肃然起敬。山脚下,清澈的溪流蜿蜒流淌,为这片壮阔的景象增添了几分柔美与生机。

河流之畔,碧波荡漾,水天相接。河边的芦苇随风摇曳,似乎在低吟着古老的传说。而那些在河水中嬉戏的水鸟,为这片宁静之地带来了无尽的生机与欢愉。

自然界的奇观,不仅在于其外在的壮丽与神秘,更在于其内在的深意与哲理。每一处景观都如同一首无声的诗,等待着我们去细细品味与感悟。在大自然的怀抱中,我们不仅能够领略到它的美丽与神奇,更能够在探索与发现中寻找到生命的意义与价值。

自然的低吟

05

The Whisper of Nature

极光
Aurora

▶ 格陵兰岛东北海岸霍格角基尔德金峡湾的北极光。张宾 / 视觉中国
▼ 挪威特罗姆瑟冬季城市夜景极光云海。极光很常见,云海也不少见,城市夜景更是司空见惯,但三种景观叠加在一起,却是难得一遇。
李源 / 视觉中国

极光,这一自然界的壮丽奇观,常常在地球的高纬度地区上空闪耀,如同天空中舞动的精灵,将夜空装扮得如梦似幻。它是由太阳风中的带电粒子进入地球大气层时,与大气中的分子和原子碰撞而发出的光芒。这些光芒在空中舞动、跳跃,形成一道道绚烂的光带,色彩斑斓,形态万千,时而如丝带般飘逸,时而如火焰般炽烈。

极光的出现往往伴随着特定的天气条件,通常在寒冷的冬夜,当天空晴朗无云时最为壮观。观测极光,往往需要远离城市的光污染,前往偏远的地区,如北极或南极附近的冰雪世界。在那里,你可以静静地躺在雪地上,仰望星空,等待着那神秘而美丽的极光降临。当极光终于出现在天际,那一刻的震撼与感动,将让你终生难忘。

洞穴探险
Caving

▶ Vorgozzino 采石场是位于意大利北部的一处废弃的石灰岩采石场，因其独特的地质结构和历史背景，成为洞穴探险爱好者和地质研究者的热门目的地。这个采石场曾经是开采石灰岩的重要场所，随着采矿活动的停止，自然力量逐渐接管了这片区域，形成了错综复杂的地下洞穴系统。这些洞穴由石灰岩的溶蚀作用形成，内部布满了典型的喀斯特地貌特征，如钟乳石、石笋、石柱以及地下河流，展现了地球内部漫长且复杂的地质演化过程。视觉中国

我们虽然生活在地球上，却仅仅局限于地表活动。对于地球内部的探索，尤其是海洋深处和洞穴深处的了解，甚至还不如对太阳系的研究深入。人类总是将目光投向遥远的太空，却忽略了地球本身——这颗行星正是宇宙演化的绝佳范本。地球大陆地壳平均厚度约为 33 千米，而人类目前钻探的最深纪录仅为 12 千米（科拉超深钻孔），这意味着我们对地壳的了解还不到一半。相比之下，洞穴作为地壳中的天然通道，虽然总深度仅占地球半径的极小部分，却是我们窥探地球内部奥秘的重要窗口。

洞穴通常形成于石灰岩、石膏或盐岩等可溶性岩石地层中，经过数百万年甚至数亿年的地下水侵蚀和化学溶解作用，逐渐形成了错综复杂的地下网络。这些洞穴中蕴藏着丰富的地质信息，如钟乳石、石笋、石柱等化学沉积物，记录了地球气候变迁的历史。此外，洞穴深处还可能存在地下河流、湖泊甚至独特的生态系统，这些生物在完全黑暗的环境中演化出了特殊的生存方式，为科学家研究生命极限提供了宝贵的样本。

洞穴探险不仅是一次对未知世界的勇敢探索，更是一次与地球古老历史的对话。在幽深的洞穴中，每一步都可能揭开新的地质奥秘，每一处景观都是地球演化的见证。通过洞穴探险，我们不仅能更深入地了解地球的内部结构，还能重新审视人类与自然的关系，感受这颗行星的深邃与神秘。

▶ 位于墨西哥奇瓦瓦州奈卡矿山（Naica Mine）的水晶洞穴，是地球上最令人惊叹的地质奇观之一。洞穴内巨大的透明或半透明石英晶体长达 12 米，重超 55 吨，是世界上最大的天然水晶。这些晶体形成于地下约 300 米处，得益于高温（58°C）、高湿（近 100%）的极端环境，以及富含硫酸钙的地下水的数十万年沉淀与结晶。2000 年，矿工在开采铅锌矿时意外发现了这一奇迹。由于洞穴环境极端，普通人无法长时间停留，只有穿戴特殊冷却装备的科学家和探险家才能进入。视觉中国

冰洞
Ice Caves

▶▼ 瓦特纳冰川是欧洲最大的冰川，是由不同年代的积雪，在时间和重力的作用下不断压缩形成的，已经存在了一千多年。然而近几十年，因为全球变暖的缘故，再也没有新的冰川形成，只有上千年的冰川不断消融，甚至消失。夏季时，冰川融水流入冰川中的裂缝，冲刷切割出通道空间。冬季时，融水凝固，便形成了冰洞。因此，瓦特纳冰川的蓝冰洞只在冬季出现，夏季便会消失，是转瞬即逝的限定版景象。
张敬宜 摄

冰洞是一种自然形成的洞穴，内部常年或季节性覆盖着冰层，呈现出梦幻般的蓝色景观。冰洞通常位于高纬度或高海拔地区，常年温度低于冰点，确保洞穴内部能够保持低温。它们多形成于石灰岩、玄武岩或其他可溶性岩石中，这些岩石容易被水侵蚀，形成洞穴。冰洞的形成需要稳定的水源，如融雪、降雨或地下水，这些水在低温环境下结冰，逐渐积累形成冰层。冬季时，外部冷空气进入洞穴，使内部温度降低，洞穴内的水冻结成冰；夏季时，洞穴外部的温暖空气难以进入，洞穴内部保持低温，冰层得以保存。冰洞内的冰层可能形成冰柱、冰瀑、冰墙等多种形态，部分冰洞还会出现蓝色的冰。这是由于冰层密度高，吸收了其他颜色的光，只反射蓝光。冰洞分为静态冰洞（冰层常年不化，如奥地利的埃斯瑞森威尔特冰洞）和动态冰洞（冰层随季节变化，如冰岛的瓦特纳冰川冰洞）。冰洞不仅具有科学价值，冰层中保存了古代气候信息，科学家通过冰芯研究可以了解过去的气候变化，还因其蓝色冰层和独特结构吸引了大量游客和摄影师，成为自然奇观。此外，部分冰洞内存在独特的微生物群落，为科学研究提供了宝贵样本。

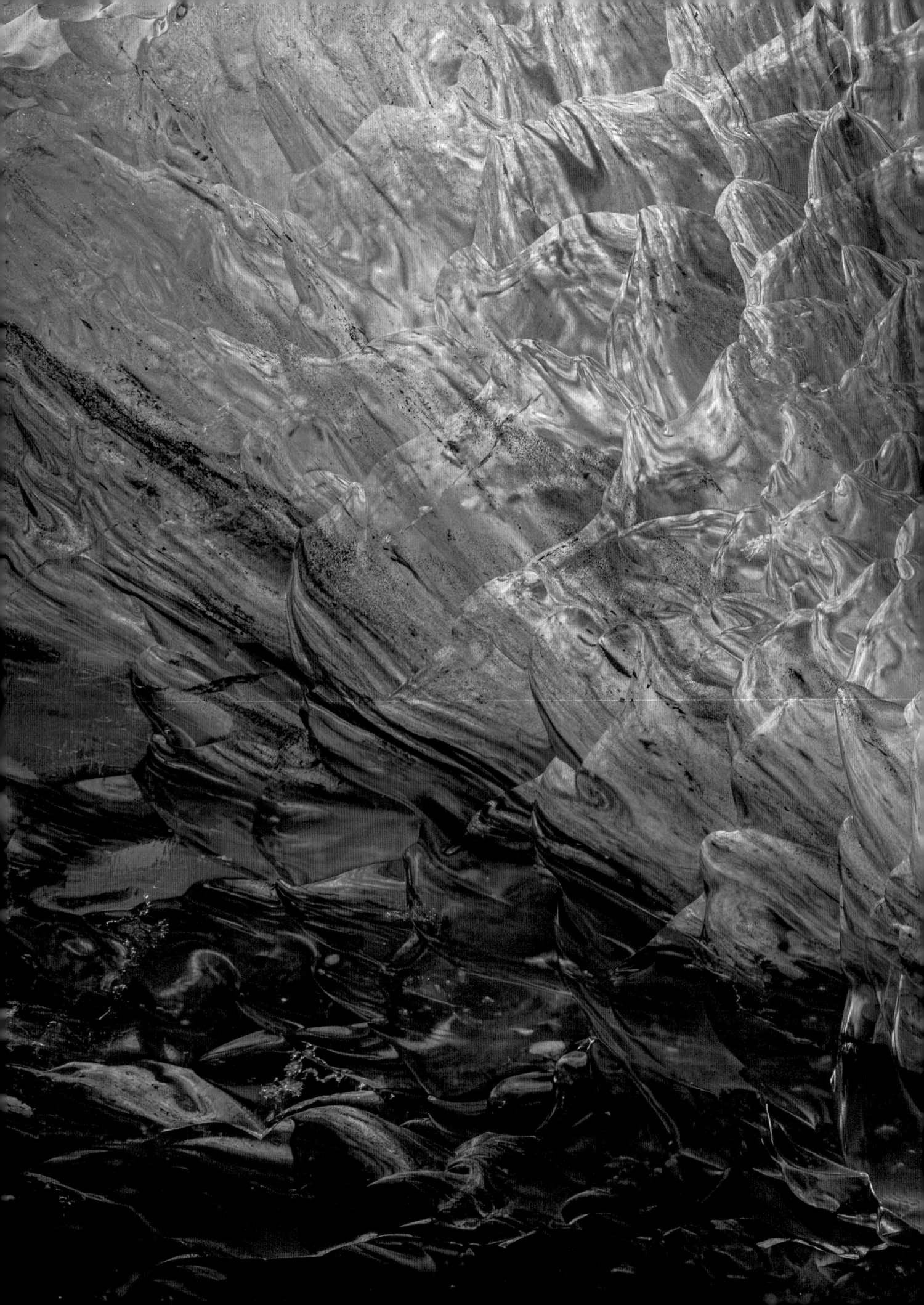

虹彩云
Iridescent Clouds

▶▼ 中国云南香格里拉纳帕海上空的虹彩云。彭建生 摄

虹彩云是一种由大气光学效应创造的奇幻景观,当阳光穿过云层中直径 10~30 微米且大小均匀的新生冰晶或过冷水滴时,发生衍射和薄膜干涉作用,不同波长的可见光被分离增强,在云层边缘形成如丝绸晕染的斑斓色带。这种现象常见于高积云、卷积云或火山云边缘,其色彩排序不同于彩虹的固定光谱,呈现出柔和的紫、绿、金等不规则色块交织的独特美感。

在海拔 3000 米以上的高原地区,虹彩云的出现尤为频繁。稀薄洁净的空气使得阳光穿透性极强,强烈的紫外线辐射与昼夜温差促使云中水汽凝结成粒径均匀的微晶体。以香格里拉为例,当地层积云厚度通常不足 500 米,这种薄云结构更易被斜射阳光穿透,配合开阔的地形视野,当观察者背对太阳且与云层呈 20 度左右夹角时,便可能邂逅这片悬浮在空中的"液态宝石"。这种光学奇迹往往转瞬即逝,通常出现在日出后两小时或日落前,持续时间鲜少超过 20 分钟。

科学家通过分析虹彩云的光谱特征,可以精确反演云粒子的相态分布与粒径参数。NASA 的 CALIPSO 卫星曾借助此类自然现象校准激光雷达的云检测算法,提升了对全球云物理特性的监测精度。对于登山者和摄影师而言,虹彩云不仅是高原专属的视觉馈赠,更成为记录大气微观运动的天然实验室——每一片色斑都在诉说着气流、温度与物质相变的精妙平衡,在这片离天空最近的土地上,科学与诗意达成了完美共振。

闪电
Lightning

▶ 西藏自治区山南市羊卓雍错鲁日拉观景台拍摄到"红色精灵"闪电的巨大喷流在库拉岗日雪山之上绽放。李轩华 / 视觉中国

闪电,这一自然界中最壮观的电荷现象,是人类最早观察到的电的表现形式之一。早在远古时代,人类就对闪电充满了敬畏与好奇。人类对闪电的研究始于 17 世纪,并在 18 世纪通过富兰克林的实验取得了重大突破。19 世纪则是电学理论的系统化时期,为闪电研究提供了更深入的科学支持。

闪电是云层内部的静电放电现象,当云层中的水滴、冰晶和空气在强烈的对流运动中相互摩擦时,正负电荷逐渐分离并积累,最终形成强大的电场,引发电弧放电,产生耀眼的闪电。闪电的瞬时温度可达 30000℃,是太阳表面温度的 5 倍,其能量足以照亮整片天空。闪电的形态多样,有的如蜿蜒的巨龙在空中盘旋,有的如利箭般直射地面,根据其发生位置可分为云内闪电、云间闪电和云地闪电。19 世纪末,科学家尼古拉·特斯拉(Nikola Tesla)对电的研究为人类理解闪电奠定了基础,他发明的交流电系统和"特斯拉线圈"展示了电的巨大能量与潜在应用。闪电不仅具有科学意义,其高温高压能够将氮气和氧气转化为氮氧化物,成为植物的重要养分,同时也有助于调节大气中的电荷平衡,维持地球的电场稳定。一些科学家甚至认为,闪电可能在地球早期生命的化学演化中扮演了重要角色。尽管闪电美丽而壮观,但它也极具破坏性,每年全球因闪电造成的火灾、设备损坏和人员伤亡不计其数。现代防雷技术(如避雷针、接地系统)能够有效减少闪电带来的危害。在许多文化中,闪电被视为神力的象征,古希腊神话中的宙斯以闪电为武器,中国传统文化中的雷公电母掌管雷电,象征着天威与正义。闪电不仅是自然的电荷之舞,更是科学与文化的交汇点。它提醒我们,尽管人类已经掌握了电的力量,但自然界的奥秘依然无穷无尽。

Franklin's Experiment

▲ 1899年，尼古拉·特斯拉坐在位于美国科罗拉多斯普林斯的实验室。他成功制造出人造闪电。视觉中国

◀ 18世纪，本杰明·富兰克林通过著名的"风筝实验"首次证明了闪电的本质是电，这一发现标志着人类对闪电研究的重大突破。视觉中国

火山
Volcano

▶ 火山学家身穿隔热服近距离观测意大利埃特纳火山的爆发。
视觉中国

火山是地球上最壮观的自然现象之一，它们不仅是地质活动的窗口，也是塑造地表景观的重要力量。火山通常分布在板块边界，尤其是环太平洋火山带，这里集中了全球约 75% 的活火山。火山的形成与板块运动密切相关，当板块相互碰撞或分离时，地壳深处的岩浆得以上升，最终喷发形成火山。火山喷发时，岩浆、火山灰和气体被释放到大气中，这些物质不仅改变了地表形态，还对气候产生了深远影响。

火山的景观多样且独特，从夏威夷的盾状火山到日本富士山的锥状火山，每一种类型都展现了不同的地质过程。盾状火山由流动性较强的玄武岩岩浆形成，坡度平缓，而锥状火山则由黏性较大的安山岩或流纹岩岩浆构成，坡度陡峭。火山喷发后形成的熔岩台地、火山湖和温泉等地貌，不仅为科学家提供了研究地球内部活动的宝贵资料，也成为吸引游客的自然奇观。

然而，火山与人类的关系复杂且矛盾。一方面，火山喷发带来的火山灰富含矿物质，使周围土壤肥沃，适宜农业发展。例如，印度尼西亚的爪哇岛和意大利的维苏威火山周边地区，都是农业高产区域。另一方面，火山喷发也可能带来灾难性的后果，如庞贝古城被维苏威火山掩埋，以及 1980 年圣海伦斯火山喷发造成的巨大破坏。火山活动还可能导致气候变冷，1815 年坦博拉火山喷发后，全球气温下降，引发了"无夏之年"。

火山既是地球生命力的象征，也是人类面临的潜在威胁。通过科学研究和监测，人类可以更好地理解火山活动，减少其带来的风险，同时利用火山资源。

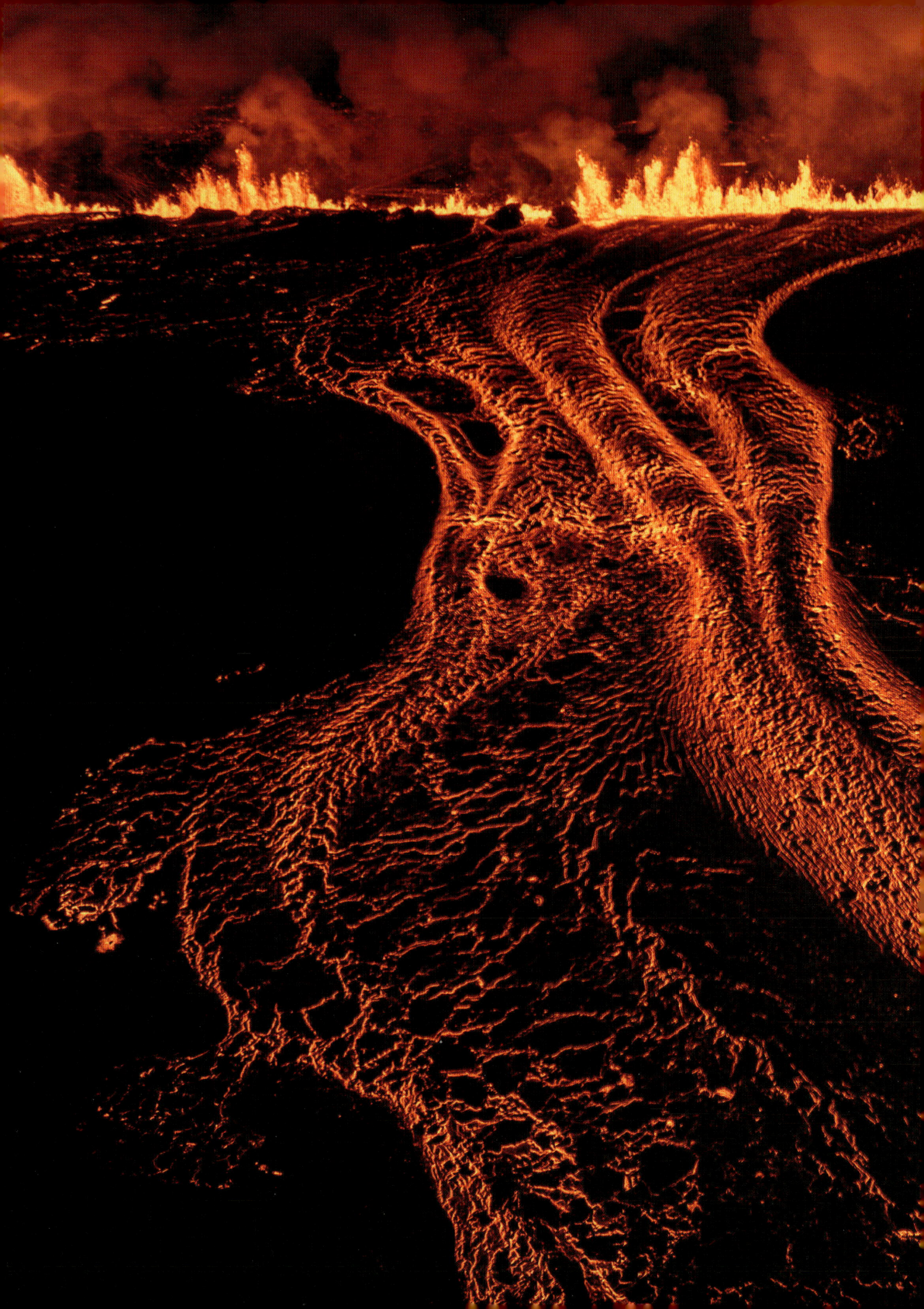

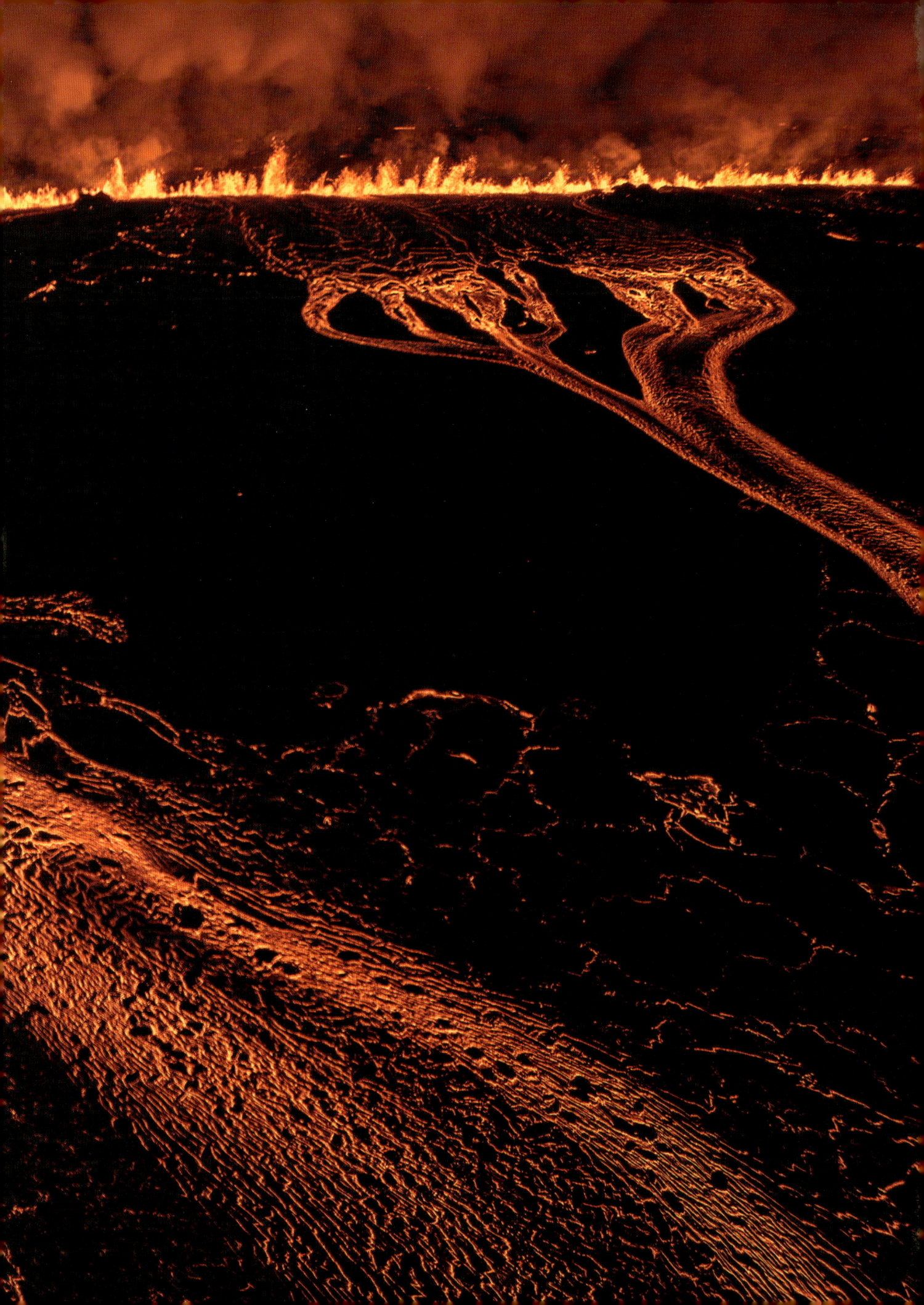

▲ 2024 年 11 月 20 日，冰岛西南部雷恰角半岛发生火山喷发。
视觉中国

▲ 斯派尔热液喷口，又称黑烟囱，位于大西洋中脊。黑烟囱是地质活动活跃的海底喷口，靠近地表的岩浆（熔岩）将岩石中的水加热到极高的温度，远超过 100℃。由于深处巨大的压力，水无法沸腾：这个喷口位于海面下约 3100 米处。热水溶解了大量的矿物盐。当过热的水与周围极冷的海水相遇时，矿物质迅速沉淀，使热水呈现出特有的烟雾状。矿物质在喷口周围形成多彩的外壳，随着时间的推移，逐渐形成高大的烟囱状结构。视觉中国

▲ 火山与彗星，2024年10月21日摄于瓦努阿图。拍摄者在伊苏尔火山脚下的村庄生活了一周，第六次攀登火山时恰逢晴天，也正赶上紫金山彗星抵达近日点，于是自拍记录下了与火山、彗星共同出镜的珍贵时刻。这或许是历史上首次有人在这个位置拍摄到彗星。
吴正杰 / 视觉中国

极地探险
Polar Expedition

▶ 在加拿大哈德逊湾游泳的北极熊。它们活动区域的变化是全球变暖现象的有力佐证。视觉中国

作为地球演化的时光胶囊,南极与北极的冰原封存着跨越百万年的气候密码。南极冰盖深处150万年前的冰芯,如同天然的气候硬盘,完整记录了大气成分、火山活动和星际尘埃的变迁,而北极格陵兰冰芯则保存着12万年来连续的气候档案。

科学家通过冰芯气泡重建出过去80万年的二氧化碳曲线,揭示工业革命后二氧化碳浓度从280ppm骤升至420ppm的突变,这些数据被铭刻在联合国气候报告的每一页。在这片白色荒漠中,极端生命形式持续挑战认知边界——南极干谷的嗜冷菌在-20℃的岩缝中代谢,为寻找木卫二冰下生命提供参考模型;北极深海热泉的化能合成生态系统,则重写着生命起源的理论。极地更是气候危机的预警哨站:北极海冰面积以每十年13%的速度消融,南极松岛冰川年均流失600亿吨冰量,这些变化通过洋流重组牵动着全球气候脉搏。

研究发现:北极冻土层里封存着约1.6万亿吨有机碳(相当于人类百年的碳排放量)。如果这些碳因冻土融化释放到大气中,会像滚雪球一样加速全球变暖——温度升高导致更多冻土融化,进而释放更多碳,形成恶性循环。

从19世纪雪橇探险到今日覆盖两极的科考站网络,极地探索已演化为跨国界的科学远征。当极光的粒子流划过冰原上空的磁层,人类在静谧中读懂了地球的心跳:这不仅是白色大陆的故事,更是关于生命存续的终极启示。

◀ 特拉诺瓦（Terra Nova），在拉丁语中意为"新大陆"。这艘建造于 1884 年的极地探险船，最初被用于在高纬度海域捕猎鲸鱼和海豹。1909 年它被英国探险家罗伯特·弗尔肯·斯科特租用，满载着 24 名科学考察队员前往南极，并最终见证了斯科特船长的有去无回。此后它又默默工作了 30 多年，直至 1943 年 9 月 12 日在格陵兰岛附近海域因故障而沉没。视觉中国

◀ 英国极地探险家罗伯特·弗尔肯·斯科特（Robert Falcon Scott，1868—1912），曾在英国海军服役，因此被人亲切地称为"斯科特船长"。1912 年他与挪威探险家罗尔德·阿蒙森不约而同地向"南极点"发起了冲刺，只可惜斯科特在归途败给了恶劣的天气，最终长眠于那片冰天雪地之中。但正是有着千百万像他一样的失败的殉道者，人类对脚下这个星球的探索和征服之路才能最终走到今天。视觉中国

◀ 作为第一个抵达南极点的人，挪威籍极地探险家罗尔德·阿蒙森（Roald Amundsen，1872—1928）的名字至今仍被世人所铭记。但其实在那场前往南极点的竞赛之中，罗尔德·阿蒙森并不是唯一的参赛者。就在阿蒙森尝试着征服南极大陆的同时，英国人斯科特率领的探险队也作了类似的尝试。视觉中国

▲ 19 世纪欧洲探险家创作的极地独角鲸铜版画。视觉中国

早期北极探索

1596—1597 年
威廉·巴伦支 (Willem Barents)
发现斯匹次卑尔根群岛，首次在北极新地岛越冬，记录了极地生存经验。

1607—1611 年
亨利·哈德逊 (Henry Hudson)
英国探险家，为寻找西北航道探索了格陵兰和加拿大北极地区，发现哈德逊湾（1610 年），但因船员叛乱葬身北极。

1845—1848 年
约翰·富兰克林 (John Franklin)
英国皇家海军组织的北极远征，试图穿越西北航道。虽全员遇难，但后续搜救行动极大填补了北极地图空白，并确认了西北航道的存在。

1878—1880 年
阿道夫·埃里克·诺登舍尔德 (Adolf Erik Nordenskiöld)
瑞典探险家，首次成功通过东北航道（从挪威到白令海峡），完成欧亚北极航线的全程航行。

1893—1896 年
弗里乔夫·南森 (Fridtjof Nansen)
"弗拉姆号"利用洋流漂流至北纬 86° 14'，验证了北极冰盖漂移理论，为现代极地科考奠定了基础。

1909 年
罗伯特·皮里 (Robert Peary)
他虽然宣称到达北极点，但缺乏可靠导航记录，现代研究认为他可能未真正抵达。

早期南极探索

1773 年
詹姆斯·库克 (James Cook)
库克船长成为第一个穿越南极圈的探险家，但他并未看到南极大陆。

1820 年
法比安·戈特利布·冯·别林斯高晋 (Fabian Gottlieb von Bellingshausen)
俄罗斯探险家别林斯高晋被认为是第一个看到南极大陆的人，他率领探险队在南极圈附近航行。

1840 年
詹姆斯·克拉克·罗斯 (James Clark Ross)
英国探险家罗斯发现了罗斯海、罗斯冰架和埃里伯斯火山，并绘制了部分南极海岸线地图。

1897—1899 年
阿德里安·德·热尔拉什 (Adrien de Gerlache)
比利时探险队首次在南极圈内被迫越冬，因其被困浮冰，客观上推动了极地生存科学研究。

1898—1899 年
卡斯滕·博克格雷温克 (Carsten Borchgrevink)
挪威探险家博克格雷温克率领的探险队成为第一支在南极大陆越冬的团队。

1901—1904 年
罗伯特·斯科特 (Robert Falcon Scott)
首次探险发现南极高原，带回大量地质和气象数据，为后续南极点探险奠定基础。

1902—1904 年
威廉·斯皮尔斯·布鲁斯 (William Speirs Bruce)
率领苏格兰探险队建立南极首个气象观测站。

1911 年
罗阿尔德·阿蒙森 (Roald Amundsen)
挪威探险家阿蒙森成为第一个到达南极点的人（1911 年 12 月 14 日）。

1912 年
罗伯特·斯科特 (Robert Falcon Scott)
英国探险家斯科特率领的探险队到达南极点，比阿蒙森晚了一个月。斯科特和大部分队员在返程途中不幸遇难。

在南极洲近海活动的小须鲸。
视觉中国

科学摄影，我们可以把它理解为透过镜头重新审视世界的方式。通过新颖的摄影技术和独特的视角，科学摄影将我们带入了一个个令人惊叹的视觉世界——从微观的昆虫鳞片到浩瀚的宇宙星辰，从瞬间的高速运动到深邃的黑暗深海。这些作品不仅展现了自然界的壮丽与神奇，更让我们对科学的本质有了更深的理解与敬畏。

科学摄影的魅力在于它的"凝视"能力。它能够捕捉那些肉眼难以察觉的瞬间与细节。无论是紫外线照射下蝎子发出的荧光，还是热成像镜头中企鹅体内热量的流动，或是高速摄影中子弹穿透物体的刹那，这些画面都让我们看到了世界常规运转模式下的另一面、另一个瞬间，以及平时人们容易忽略的信息。这些优秀的作品不仅是科学与技术的结晶，更是艺术与创意的完美结合。每一幅作品背后，都凝聚着摄影师对自然的深刻观察与对科学的无限热情。

换一个眼光看世界，意味着我们需要打破常规的视觉局限，去发现那些隐藏在平凡背后的非凡之美。科学摄影为我们提供了这样的机会：它让我们看到了花朵绽放的瞬间，捕捉到了星辰运行的轨迹，记录下了雨滴落下的姿态。这些平时难以察觉的瞬间，在科学之美的镜头下变得生动而具体。摄影师们运用创意和技术，将科学与艺术完美融合，创造出一幅幅令人叹为观止的作品。

世界远比我们想象的要复杂、美丽和神秘。只要我们愿意换一个眼光，就能发现那些隐藏在平凡背后的非凡之美。科学摄影，不仅是一种技术，更是一种态度。它教会我们用好奇的眼光去观察世界，用科学的精神去探索未知。周睿 / 视觉中国

换一个眼光看世界

Look at the World From a Different Perspective

06

红外线摄影
IR Photography

▶ 这是一张用红外线摄影技术拍摄的照片。2014年7月6日，在英国伦敦全英草地网球俱乐部举行的温布尔登网球锦标赛迎来第十三个比赛日，瑞士选手罗杰·费德勒在男子单打决赛中对阵塞尔维亚选手诺瓦克·德约科维奇时发球的瞬间。阿尔·贝洛 / 视觉中国

▼ 红外镜头下的狐尾松，这种生长于美国西部荒原上的植物在枯死以后仍能够保持直立。有时根部的主体都已全部坏死，与之相连的树干及树枝也由于风力侵蚀而完全风干，往往只剩下一截光秃秃的树干。但即使这样，从枯木上也常常会冒出一两枝新枝继续生长，令人不禁感叹其顽强的生命力。视觉中国

红外线摄影是利用红外感光设备与红外滤镜配合，拍摄出有别于传统的黑白彩色照片的拍摄技巧，其拍出的画面给人以强烈的震撼感；同时红外线相对可见光对一些材料（薄化纤、烟雾、水气）具有穿透能力，能拍出神奇的透视效果，这些特性在军事、公安、考古、医学、体育等领域有着广泛的应用。

紫外线摄影
UV Photography

▶ 某些昆虫在 365 纳米波长紫外灯的照射下会激发出荧光效应。视觉中国

▼ 紫外线下的蝎子。视觉中国

紫外线摄影是一种利用紫外线作为光源的摄影技术，通过特制的石英玻璃镜头和紫外线滤色镜，捕捉物体在紫外光下的独特反应。这种技术能够揭示人眼无法直接观察到的紫外线光谱，展现物体在紫外线光下的荧光效应或反射特性。例如，某些昆虫、矿物或植物在紫外线光下会发出荧光，呈现出与可见光下完全不同的色彩和纹理。紫外线摄影不仅拓展了摄影的视觉边界，还以其高对比度和细节表现能力，在多个科学和实用领域中发挥着重要作用。

在医学与生物学领域，紫外线摄影被广泛应用于皮肤检测和生物荧光研究。它可以帮助医生检测皮肤病变，如白癜风或紫外线损伤，同时也能用于研究某些生物在紫外光下的荧光特性，例如昆虫、珊瑚和植物。在法医学与司法鉴定中，紫外线摄影是检测犯罪现场痕迹的重要工具，能够揭示血迹、指纹等肉眼难以辨认的痕迹，甚至用于鉴定文件的真伪，揭示涂改或隐藏的信息。

此外，紫外线摄影在考古学与艺术修复中也具有重要意义。它可以帮助考古学家分析古代文物的材质和修复痕迹，揭示隐藏的图案或原始草图。在艺术领域，紫外线摄影被用于鉴定艺术品的真伪，同时为艺术家提供了一种全新的创作媒介，通过紫外光的独特效果，创造出超现实的艺术作品。

X射线摄影
X-ray Photography

▶ X射线与可见光渐变合成作品：一条南太平洋响尾蛇。视觉中国

X射线，作为科学领域的一项重要发现，以其卓越的穿透性质，揭示了物质内部的深层结构。自1895年被科学家威廉·康拉德·伦琴所发现，X射线技术已经深入应用于医学影像、材料检测、工业探伤、安全检查等多个领域。它不仅为医疗诊断提供了深入的内部视角，也为科学研究带来了显著的进展。X射线的发现，打开了科学之美的新视角，体现了自然界法则的深邃与力量。

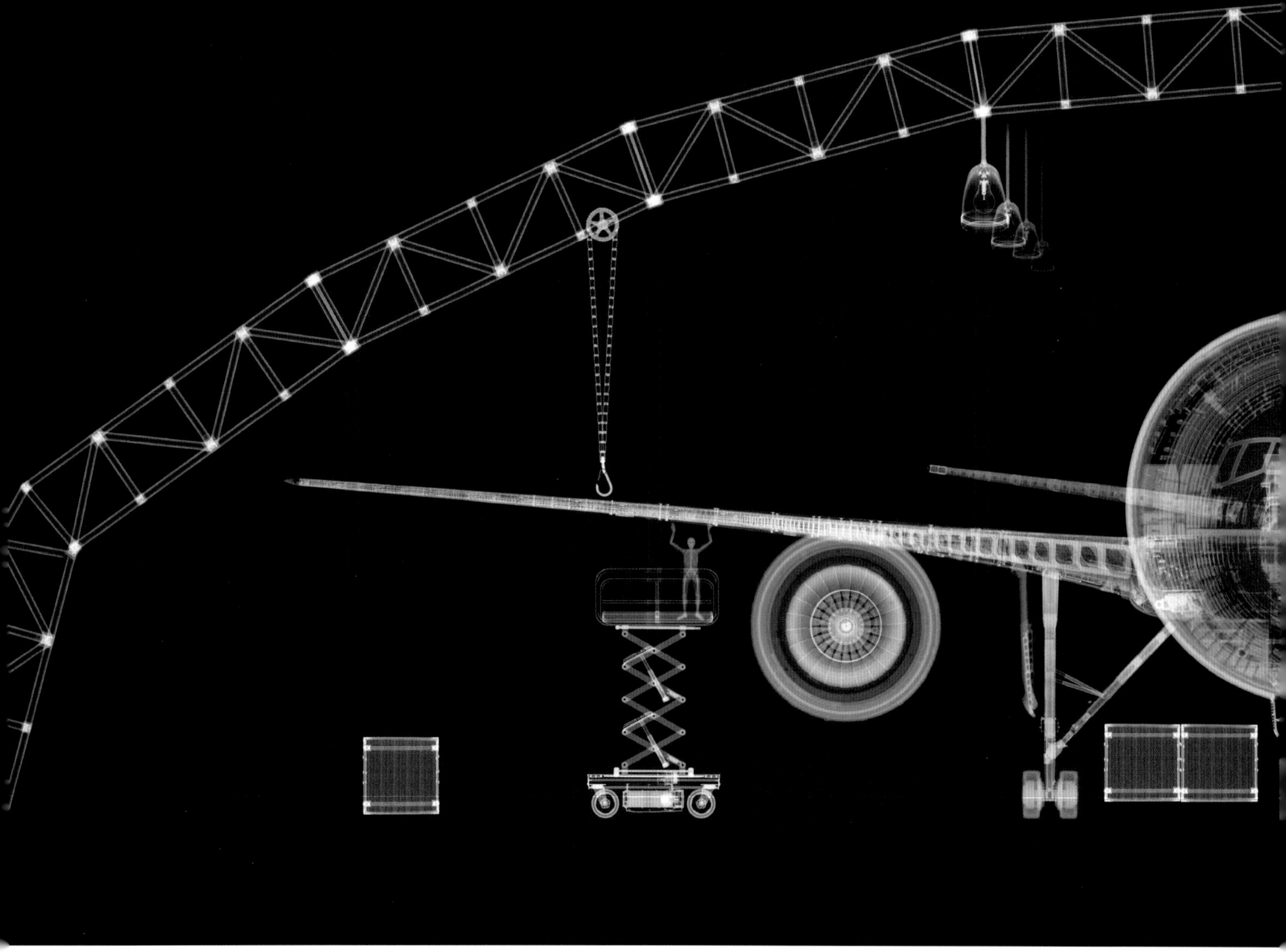

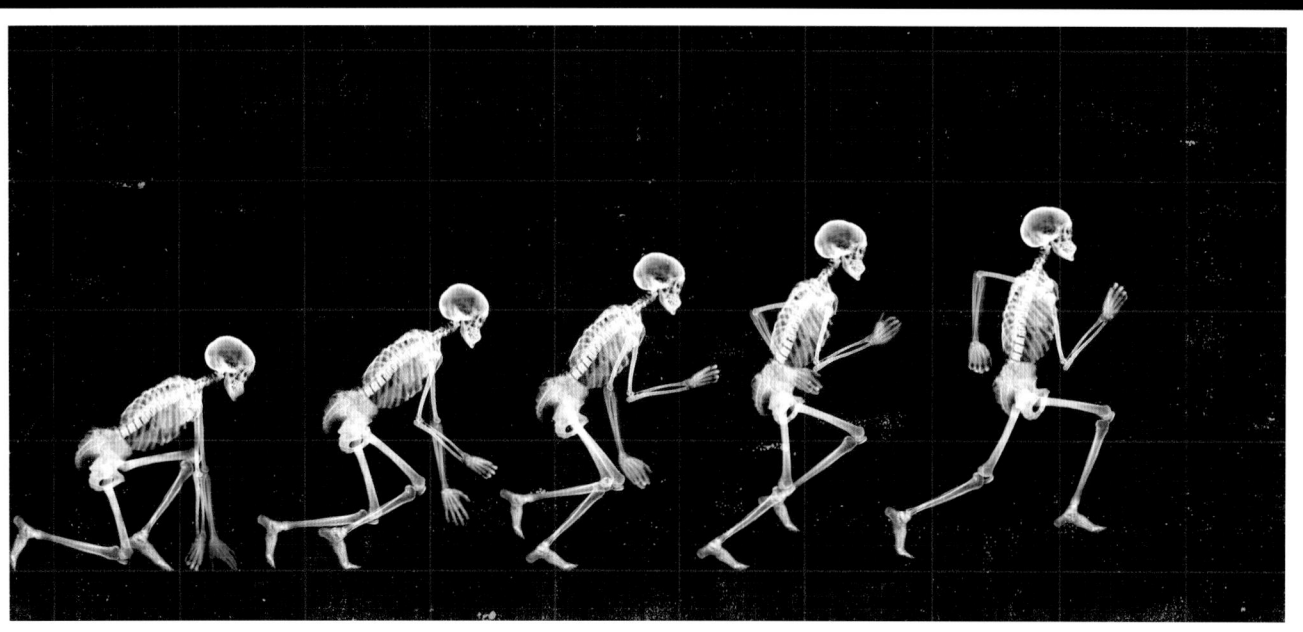

▲ 人类的奔跑透视图。视觉中国

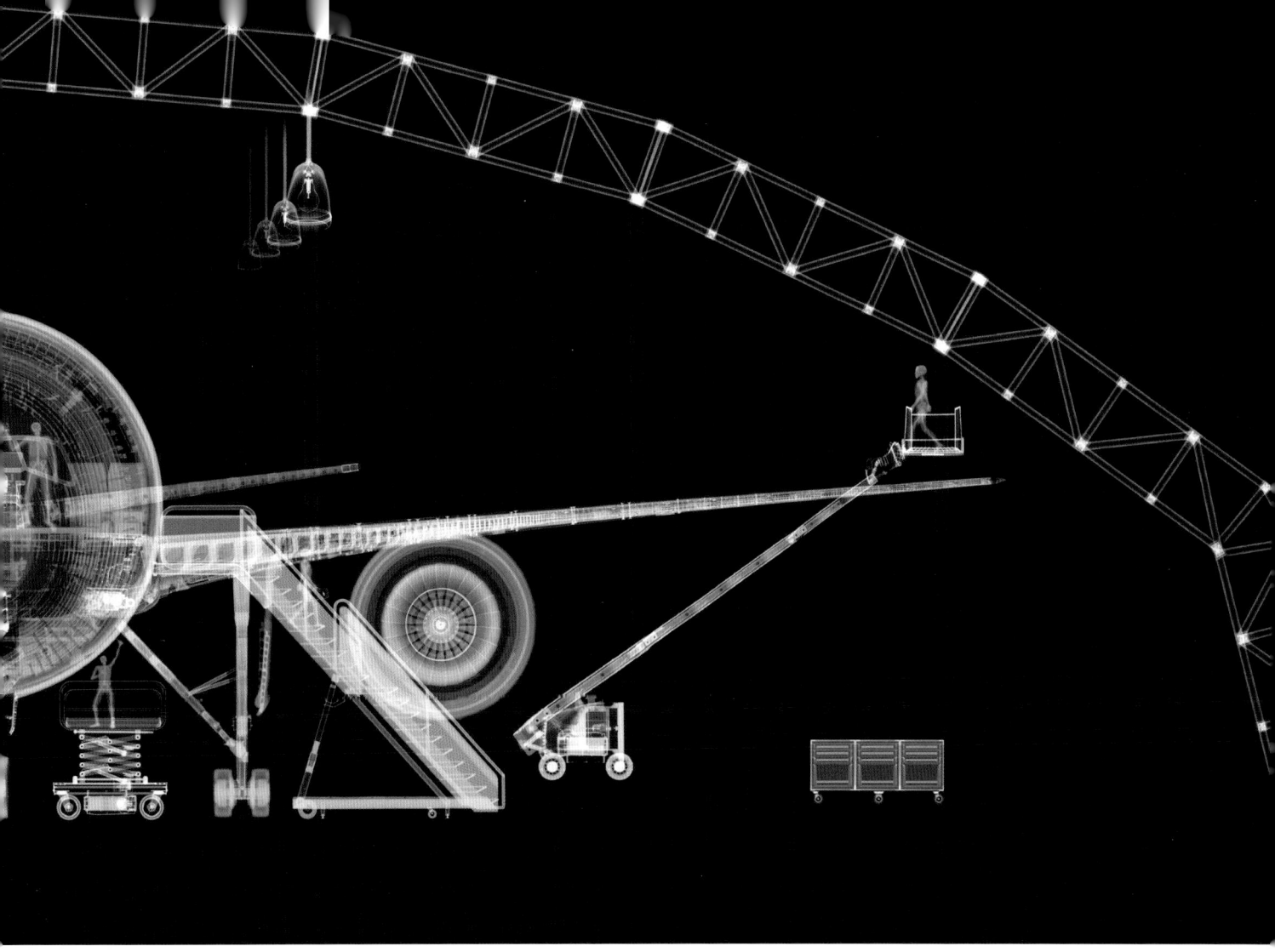

▲ 本作品由英国 X 光艺术家尼克·维希（Nick Veasey）使用工业级 X 射线扫描仪（500kV）与数字合成技术完成，历时一年整合 547 张局部扫描影像。通过高能射线穿透铝钛合金机身与碳纤维机翼，揭示航空工程的精密构造。视觉中国

运动摄影
Motion Photography

▶ 用堆栈技术拍摄的红头美洲鹫的运动轨迹。这种堆栈技术通过将多张照片叠加在一起，呈现出鸟类飞行或运动的连续轨迹，创造出一种动态的视觉效果。堆栈拍摄鸟类运动轨迹是一种将技术与艺术完美结合的摄影方法。它不仅能够捕捉到鸟类飞行的动态美，还能为科学研究和科普教育提供新的视角。视觉中国

▼ 1884 年，英国摄影师埃德沃德·迈布里奇在《跳跃形象》等摄影作品系列中拍摄了一连串人和动物的动作。这种摄影方式作为一种视觉化提纲经常被艺术家和科学家所使用。直到这种连续拍摄方式产生之后，画家们才开始把全力奔跑的马匹绘成前腿向后伸出而后腿向前伸出的姿态。这种连续拍摄方式也证实了，在某一瞬间，马匹的四条腿会同时离地。视觉中国

埃德沃德·迈布里奇（Eadweard Muybridge）是一位英国出生的摄影师，以研究动物和人类运动而闻名。19 世纪末，迈布里奇进行了一系列开创性的工作，使用多台相机来捕捉运动的连续照片。这些照片后来被用来制作运动研究的动画。

迈布里奇最著名的项目之一，是为美国加利福尼亚州州长利兰·斯坦福（Leland Stanford）进行的一系列实验，旨在探究一匹奔跑的马在某个时刻是否会完全离地。他设置了一排相机，每台相机都通过一根绳子触发快门，当马跑过时，绳子会被拉动，从而拍摄下马的连续动作。这些照片不仅证实了马在奔跑时确实会完全离地，而且也展示了迈布里奇在捕捉快速运动方面的技术成就。

迈布里奇的工作对后来的电影和动画产业产生了深远的影响，他的连续摄影技术被认为是电影和现代动画的先驱之一。通过这些连续照片，迈布里奇不仅记录了运动的细节，还为后来的艺术家和科学家提供了研究运动的宝贵资料。而进入 21 世纪，新的计算机软件合成技术、堆栈拍摄技术已经为运动形态的捕捉带来了革命性的改变。

近些年新兴的堆栈摄影技术通过连续拍摄多张照片（如每秒 10~30 张）并后期叠加合成，实现了对运动轨迹的时空压缩呈现，尤其在鸟类飞行、星轨等动态记录中展现出独特优势。在科研领域，堆栈摄影技术被用于生态行为分析（如鸟类迁徙路径建模）、流体力学研究（如云雾动态模拟）以及生物力学观测（如昆虫飞行姿态），通过可视化时间累积数据弥补传统摄影的瞬时性局限。与迈布里奇 19 世纪多相机线性触发记录运动瞬间的机械式分解相比，堆栈摄影以数字技术实现了三维空间轨迹的全息化表达，从"解构瞬间"跃升为"编织时空"。

高速摄影
High-speed Photography

▶ 牛奶滴落的一瞬间,被高速快门和闪光灯凝固下来。视觉中国

高速摄影技术是一种通过极短曝光时间和瞬间闪光捕捉高速运动物体瞬间状态的摄影方法,它在科学研究、工业检测和艺术创作等多个领域都有着广泛的应用。这种技术的核心在于利用高速摄影机和闪光灯的配合。高速摄影机的曝光时间极短,能够精准地捕捉快速运动的物体,而闪光灯则以其发光时间极短(仅几微秒)的特点,为拍摄提供了瞬间的强光,确保在极短的时间内照亮被摄体,从而清晰地记录下物体的瞬间状态。

在进行高速摄影时,通常需要在暗室环境中进行拍摄,这样可以避免其他光源的干扰,确保只有闪光灯为被摄体提供光照,从而获得清晰、准确的图像。同时,快门的控制也非常关键,需要提前打开快门,然后在适当时刻触发闪光灯,以确保曝光的准确性和拍摄的成功率。在科学研究领域,高速摄影可以用于分析高速现象,如流体动力学、爆炸等,帮助科学家们更好地理解这些复杂过程中的物理现象和规律;在工业检测中,能够检查高速生产线上产品的质量,及时发现潜在的缺陷和问题,提高生产效率和产品质量。

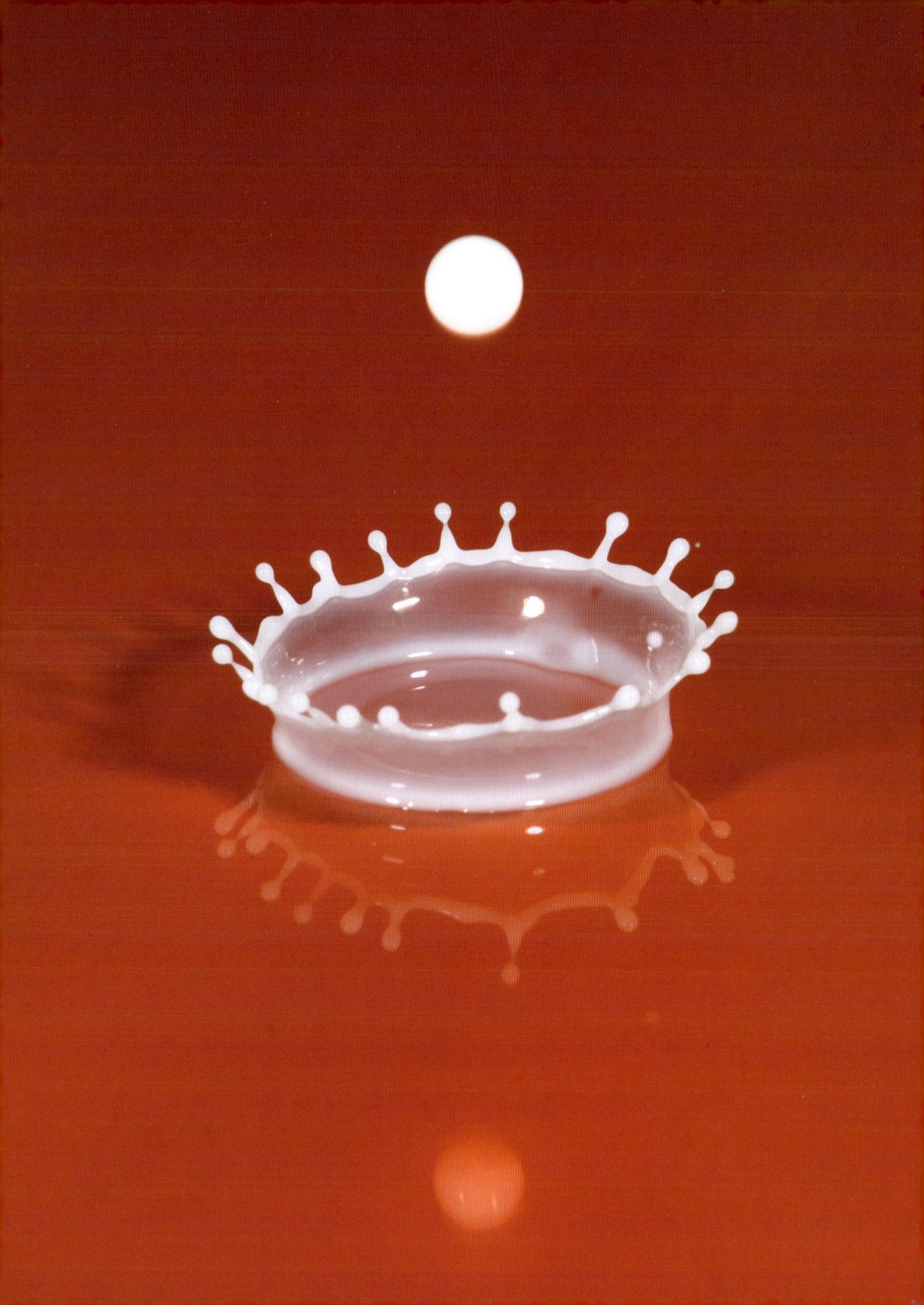

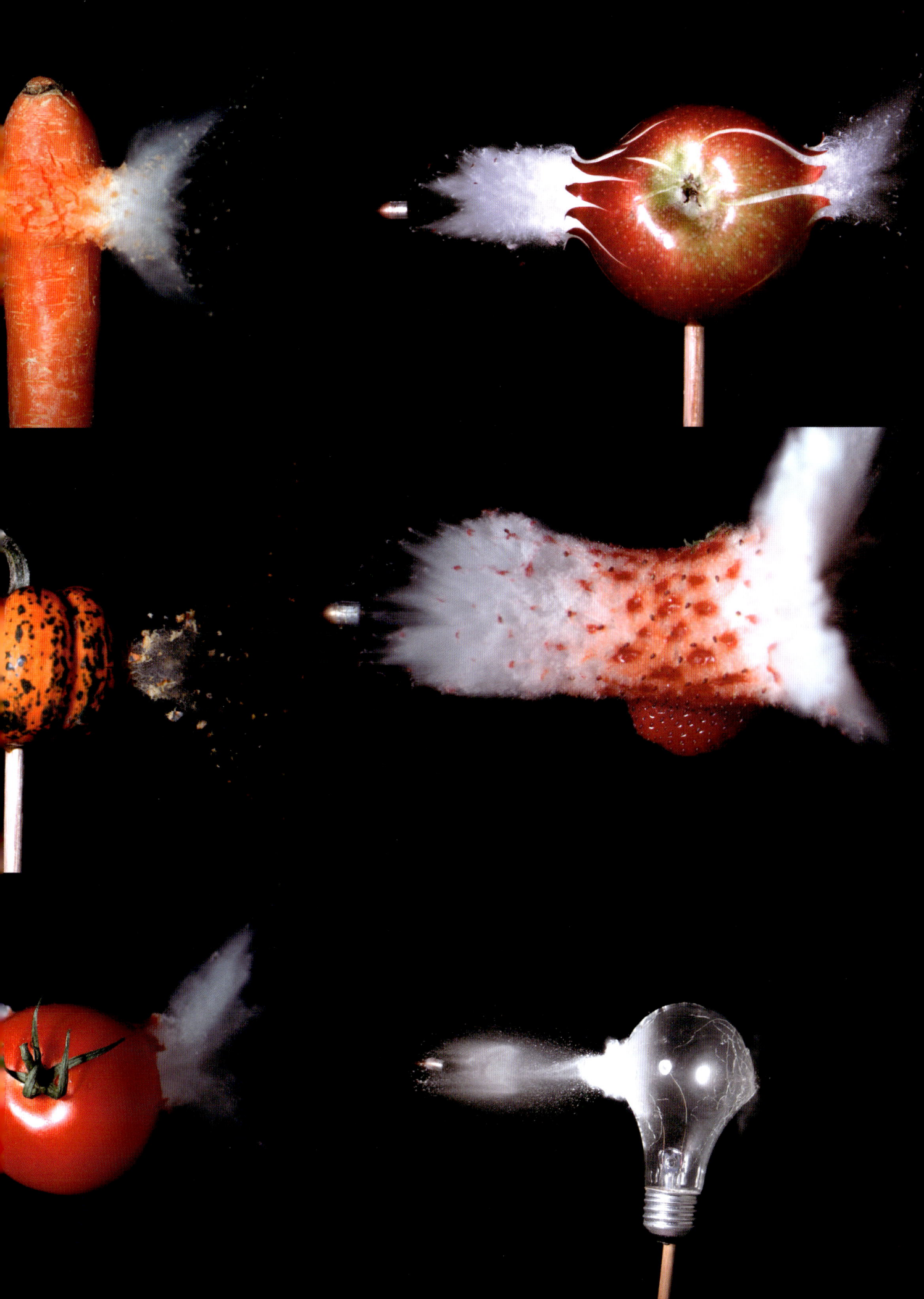

生态闪光摄影
Flash Photography in Ecology

▶ 西班牙西部城市萨拉曼卡的林间,一只夜出觅食的红狐,正轻盈地跃过一片水泽。视觉中国

▼ 一只掠过山谷的大山雀,在闪光摄影机的镜头下,可以清晰看到其蓝灰色的翅膀与白色翼尖形成了鲜明的色差。视觉中国

闪光摄影技术配合无限触发或者遥控技术,越来越多地出现在生态摄影作品中。闪光摄影技术,即利用闪光灯作为光源进行拍摄的方法,适用于光线条件不佳的场合。该技术通过内置或外接闪光灯装置,为摄影提供照明。摄影师通过精确控制闪光灯的输出强度和照射角度,实现对照片光影效果的精细调整,从而提升作品的艺术质感。同时,闪光摄影在捕捉高速运动物体时显示出其独特优势,如在体育摄影或野生动物摄影中,能够确保主体的清晰度和锐度。

在生态摄影中,使用闪光灯可以帮助摄影师在各种光照条件下捕捉自然环境中生物的精彩瞬间。然而,使用闪光灯须谨慎,避免对野生动物造成干扰或伤害,或者违反生态纪律。

软件计算摄影
Computational Photography

▶ 利用"巧摄"软件计算和拍摄,从 96 千米外的苏州拍摄日出时捕捉到的上海"三件套"。杨天垚、黄飞雄 / 视觉中国

▼ 约塞米蒂国家公园的瀑布彩虹。朱桦 / 视觉中国

软件计算摄影结合了摄影技术与软件计算,通过精确控制焦距、曝光等参数,实现对远距离物体的精细捕捉与测量。这种摄影方式不仅要求摄影师具备高超的拍摄技巧,还要对光学原理、成像规律以及数学计算有深入的理解。摄影师通常会使用具有超长焦距的镜头,这些镜头能够捕捉到远距离物体的清晰细节。同时,为了确保拍摄的准确性,摄影师还要对拍摄环境进行精细的布控,包括光线、角度、距离等。软件计算摄影以其独特的视角和精细的捕捉能力,成为展现城市风貌的一种重要手段。在高楼林立的城市中,摄影师可以通过超长焦距镜头,将远处的建筑、街道、人群等细节清晰呈现,让观众仿佛置身于城市的每一个角落。这种摄影方式不仅能够捕捉到城市的繁华与喧嚣,还能够展现出城市的独特韵味与文化底蕴。

昆虫显微摄影
Super Micro Insects Photograph

▶ 被蛛丝缠绕的金属长足虻。昆虫自孵化开始，虫生的每一步都战战兢兢，时刻面临着死亡的挑战。孵化、每次蜕皮、天敌侵扰、食物短缺、温湿度变化、真菌感染，每一环节都可能致命。因此，昆虫妈妈会尽可能多地产卵，以提高后代的成活率。薛翰阳 摄

超微距全景深堆叠摄影是一种结合超微距摄影与全景深堆叠技术的科学摄影方法，专门用于拍摄微小生物（如昆虫）的极致细节。超微距摄影通过高倍率镜头或显微镜物镜，将被摄体放大数倍甚至数百倍，展现出肉眼难以观察到的微观世界，例如昆虫的复眼、鳞片或口器的精细结构。然而，由于微距摄影的景深极浅，焦点前后清晰的范围可能只有几微米，难以在一张照片中呈现被摄体的全貌。

为了解决这一问题，全景深堆叠技术应运而生。摄影师通过连续拍摄多张焦点位置不同的照片，每张照片仅清晰呈现物体的一部分，然后利用图像处理软件将这些清晰部分拼接在一起，最终合成一张全景深的图像。这种方法不仅能够展现昆虫的整体形态，还能清晰地呈现其每一个细节，甚至包括几微米大小的结构。

超微距全景深堆叠摄影不仅需要专业的设备（如超微距镜头、显微镜物镜和精密的对焦系统），还需要摄影师具备极高的耐心和技术水平。每一张作品的背后，往往是数百甚至上千张照片的堆叠与拼接，工作量巨大。这种摄影技术不仅为科学研究提供了宝贵的图像资料，也让普通观众得以欣赏到微观世界的奇妙与美丽，感受到自然界的精妙设计与生命的无限可能。

▲ 隐翅虫隶属于昆虫纲鞘翅目，是该目中物种数量最为庞大的类群之一。这一大家族不仅包含传统的隐翅虫亚科，还纳入了苔甲、蚁甲、出尾蕈甲、葬甲、水龟甲等曾被视为非典型隐翅虫的类群。与之形成鲜明对比的是，人们较为熟悉的蝇类，全球已知种类约 34000 种，不足隐翅虫种类数量的一半。尽管隐翅虫在自然界中数量惊人，但其生物学特性却鲜为人知，多数情况甚至被人们忽视。提及隐翅虫，大众印象往往聚焦于其引发"隐翅虫皮炎"的负面形象——这种会导致皮肤出现水泡的"毒虫"声名远扬，而关于它们的形态特征与生活习性，却少有人了解。

隐翅虫堪称地球上的"活化石"，是历经漫长岁月的古老生物类群，也是自然界中的生存强者，在众多远古化石与琥珀中，都能发现它们的身影。其体型普遍小巧，最小个体仅 1 毫米，大型种类也不过 3 厘米左右，多数个体体长在 5~25 毫米之间。或许正是这种微型体态，使得它们在自然界中毫不起眼，而这也成为该类群得以持续繁衍的重要因素之一。

此外，隐翅虫展现出令人惊叹的多样性，堪称昆虫界最为奇特的类群之一。它们拥有卓越的拟态能力：有的模仿胡蜂、蚁蜂、蚂蚁、白蚁等其他昆虫；部分无毒种类会模拟有毒隐翅虫的形态；更有甚者，能够拟态鸟粪、木棍等非生物形态。在演化历程中，隐翅虫发展出了极为特殊的生存策略：栖息于洞穴的种类，鞘翅颜色逐渐变浅，眼睛也出现退化现象；寄生于蚂蚁巢穴的隐翅虫，有的直接取食蚂蚁幼虫，采用"物理防御"方式；有的通过拟态蚂蚁或分泌蚂蚁喜爱的物质进行伪装；在行军蚁群体中，甚至演化出攀附在蚂蚁尾部、"搭便车"迁移的种类。寄生于白蚁巢穴的隐翅虫同样形态各异，有的以白蚁为食，有的演化成圆头圆脑的"薯形"体态，还有的腹部膨胀如球，呈现出独特的"膨腹"现象。抛开人类主观的好恶，仅从形态外观来看，隐翅虫中不乏极具观赏性的种类。它们有的憨态可掬、惹人喜爱；有的外形奇特，拥有比例夸张的颚齿；还有的身披色彩绚丽、闪烁金属光泽的外壳，宛如昆虫界的"超模"。 视觉中国

▲ 这只来自法国的蓝色单爪鳃金龟就像一颗珍贵的蓝宝石，身上布满鳞片，还会随着光线角度的变化显现出不同的蓝绿色金属光泽，就像大闪蝶那样，在阳光的照射下熠熠生辉。视觉中国

深度学习

超高像素科学摄影应用：
多光谱文物摄影

刘思强 / 文 / 图

　　反射光谱成像技术早期多应用于遥感测绘，随着技术的成熟，配套设备的不断迭代，逐渐扩散到各个应用方向，如工业质量控制、农业食品、制药及文化遗产领域。我国存世的字画、古籍，以及出土的甲骨、布帛、简牍、文书，承载了大量的历史信息，极具史料价值。然而，由于环境条件复杂，加上材料本身的性质，保存稍有不当，就容易造成污损、褪色，导致部分信息无法辨识判读。

　　多光谱技术作为一种非侵入式的光谱成像技术，已逐步应用于各类文物中，该技术可为骨甲、布帛、简牍、纸张为载体的文字信息研究，提供影像素材资料。

　　现有的此类技术多从规模相对较大的工业应用需求出发，其多光谱成像的最终结果，并不完全适用于文化遗产保护和数字发掘研究。

　　适用于中国文物科研领域的光谱采集技术应该考虑如下几点：

1. 注重呈现（能细看）

用技术手段辅助辨识，在考古、文保领域已有应用，过往受限于技术和应用方向的取舍，并不注重成果的清晰度和呈现效果。一般科研工业用的光谱设备，成像输出尺寸仅为数十万像素。而顶级的红外设备，使用砷化镓传感器，虽然可以将红外光谱范围拓展到 2500 纳米，但是只能实现 200 万像素的输出。在追求 10 纳米、1 纳米的光谱分辨率的同时，不得不舍弃空间分辨率。这种尺寸的影像，如果只是出现在论文中，或发表在期刊上是没问题的。但我更多从视觉表达的角度出发，考虑数字发掘接续的应用出口，着眼于成果品质，更注重视觉效果。为展陈展览提供可大尺寸输出的高清晰度影像，同时兼顾细节。

2. 容易辨识（效果好）

由于应用需求的差异，在提取光谱特征影像的同时，为了方便识别，多使用大红大紫的伪色标识，能看清就行，但无法拍出文物之美。因此，我综合考虑新媒体传播、出版、展览及文献编撰的需求，从摄影的角度进行影像增强、色彩还原，使信息更容易辨识。

3. 非接触高效率（速度快）

我目前采用超高像素摄影——多光谱摄影，使用的是目前空间分辨率最高的影像传感器，单帧采集可以输出 1.5 亿像素。选择没有拜耳阵列的单色传感器，每个感光单元只用来采集灰阶变化，具备 15 EV 的动态范围，同时去除 UV/IR 带通滤镜，拓展可见光以外的光谱敏感度，最终实现 365~940 纳米的波长拍摄范围。没有选择紫外或红外敏感的专用传感器，主要是考虑最终输出的成果分辨率。这为光谱分析发掘，提供了足够的数据信息。面对不同介质、不同书写工具、不同污损的文物"病因"，能够快速拍摄快速采集，且非接触、无二次伤害。

下面举两个例子，我们通过多光谱设备，实现 1.5 亿像素的高像素输出。

▲ 宋代的绢本团扇——《雪霁江行图》

丝绸的主要成分是蛋白质，随着时间的流逝，蛋白质受光照会变性，因此传承至今的绢本字画，多呈棕黄色。今时今日看起来，虽然有些岁月的韵味，但是印章、题款变得不易辨识。墨书的线稿相对容易处理，因为墨对各波段的光都有非常明显的吸收。用波长600纳米以上的光照射，就可以得到清晰的影像。波长940纳米以上的光穿透力更强，还可以过滤掉水渍这样的干扰信息。在有针对性地提取隐藏信息时，对目标物质的特征谱的判断是十分重要的：以炭黑为主要成分的墨迹信息在近红外区域有较强吸收，因此提取墨迹信息时可考虑近红外波段。

另外，字画上的印章，是研究一幅作品出处最重要的信息。在红外光下印章全无踪影，需要另想办法。印章的主要成分是朱砂，也就是"汞"，其光谱特征在400~600纳米范围内呈现，所以需要采集紫外和600纳米以下的可见光部分信息，再辅以PCA、ICA等分析方法，提取出模糊印章的清晰影像。

最终将不同光谱的影像叠加得到这样的成果，方便研究、欣赏。

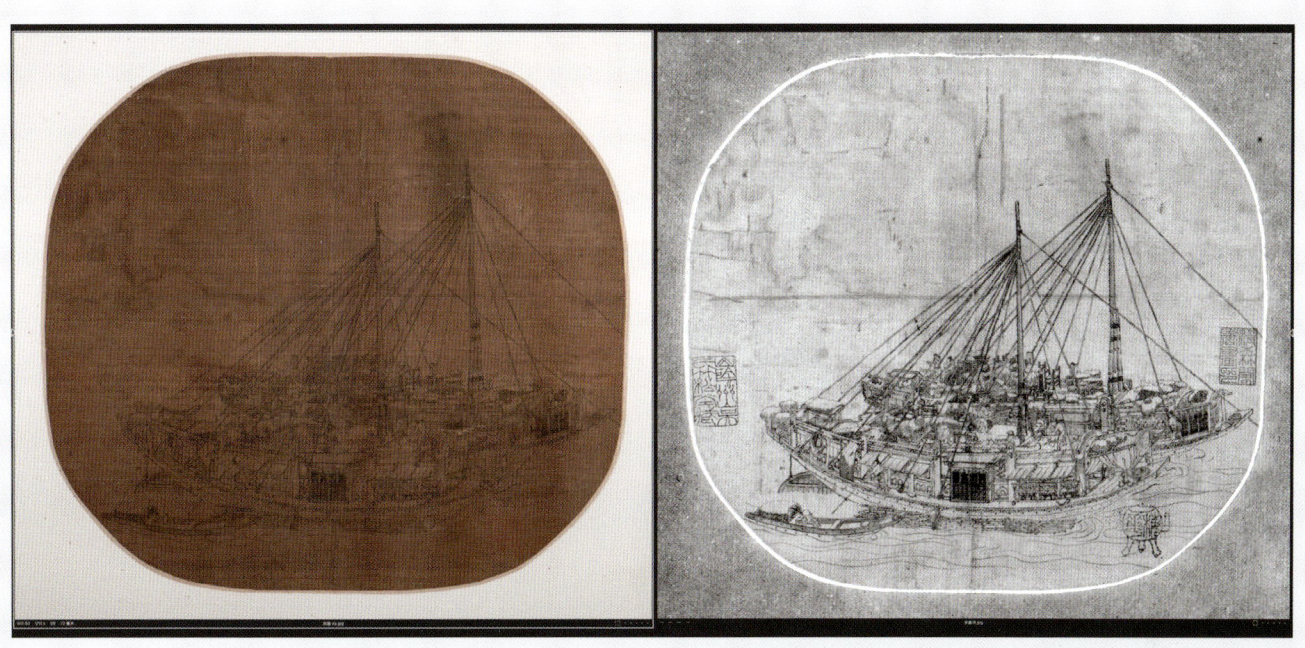

再比如，西周木牍的字迹辨识工作。朱书简牍多用于占卜、祭祀、法律条文，或者重要的行政命令。与墨书简牍相比，朱书不容易辨识，普遍褪色严重，直接观察无法获取有效信息。

采集 400~600 纳米波段信息，以 30 纳米为跨度，采集多张叠加计算结果，辅以影像增强算法。

深度学习

计算摄影：新上战场的老兵

杨磊 / 文

　　爱好摄影的人都知道，在过去的年代，摄影师非常注重相机的质量，尤其是镜头的光学素质，因为这直接关系到能否获得高质量的影像。所以很多镜头生产商不惜血本制造优质镜头，甚至为了矫正各种光学缺陷努力研发新的镜头结构、改良光学镜组制造工艺，甚至去研发新的光学玻璃成分。早年间，为了制造更大光圈的镜头，很多稀土元素玻璃就被应用在镜头中，有的光学镜片制造厂家为了追求高折射率甚至使用带有微弱放射性的钍玻璃、镧系玻璃，例如著名的徕卡"黄玻璃"，或者大名鼎鼎的冕玻璃 Lak9。光学玻璃生产厂家会通过各种尝试来降低成本、提高效率、增强光学玻璃的通用性，以及提升光学质量，这种情况一直持续到数字摄影技术已经相当发达的千禧年之后。后来有聪明的工程师提出了一个天才的主意，就是通过内置在相机里的软件矫正 CCD 或者 COMS 获得的影像，这一技术被称为数字影像矫正系统。随后，相机厂商纷纷开发了自己的这种技术。这是摄影进入数码时代的一项重要技术，的确大大提升了影像素质，让很多老镜头的变形、色差、偏色等问题得到显著改善。换句话说，摄影师从机器后背的液晶屏或者导出到手机、电脑上看到的，就已经是矫正后的影像了。

　　进入智能手机移动影像的年代，近 20 年来，手机质量大幅提升，手机影像也随之实现了质的飞跃。除了手机内置感光元件尺寸变大，其实很大程度上得益于手机信息处理能力的突飞猛进。这项技术被称为"计算摄影"。一开始，很多传统摄影师本能地认为所谓计算摄影就是为了弥补手机拍摄照片和视频质量不够好的缺陷。然而，随着技术的不断进步，计算摄影已远非如此简单，它融合了科技、算力、互联等新技术，在不知不觉中改变了影像的获取方式、文化、标准甚至审美。所以，我们有必要细心、谦虚、不带偏见地了解计算摄影的特色和功能——它很可能代表未来。

　　在计算摄影的体系中，ISP（Image Signal Processor，图像信号处理器）扮演着至关重要的角色。ISP 的任务是对影像传感器捕捉到的原始信号进行处理，生成一张可用的照片或视频。传统相机的 ISP 功能相对单一，主要负责基础的图像信号处理，如自动曝光（AE）、自动白平衡（AWB）、自动对焦（AF）等。然而，随着手机摄影的复杂化，ISP 的功能也在不断演化。近年来，高通等芯片厂商在 ISP 技术上取得了显著突破。例如，高通骁龙 8 平台首次引入了三 ISP 架构，使得手机可以同时驱动多个摄像头模组，实现多摄协同工作。这一技术不仅解决了传统单 ISP 架构下的"跳变"问题，还大幅提升了变焦的平滑性和多摄切换的流畅性。此外，高通还推出了 18bit 认知 ISP，能够处理更丰富的色彩信息和更高的动态范围，显著提升了影像的细节表现和色彩还原能力。

计算摄影的崛起，不仅弥补了手机硬件的不足，还开创了许多前所未有的摄影功能。多帧合成技术通过快速连续拍摄多张照片，并利用算法进行合成，显著提升了画面的亮度、动态范围和细节表现。HDR 技术则通过捕捉不同曝光度的画面，合成出高动态范围的照片，使得亮部和暗部的细节都能得到充分展现。

超高像素合成技术则通过算法将多张低分辨率照片合成为一张高分辨率照片，极大地提升了图像的清晰度。数码平滑变焦技术则通过多摄协同和算法优化，实现了无缝变焦体验，避免了传统变焦中的"跳变"现象。智能降噪技术则通过 AI 算法，有效降低了夜景拍摄中的噪点，提升了画面的纯净度。

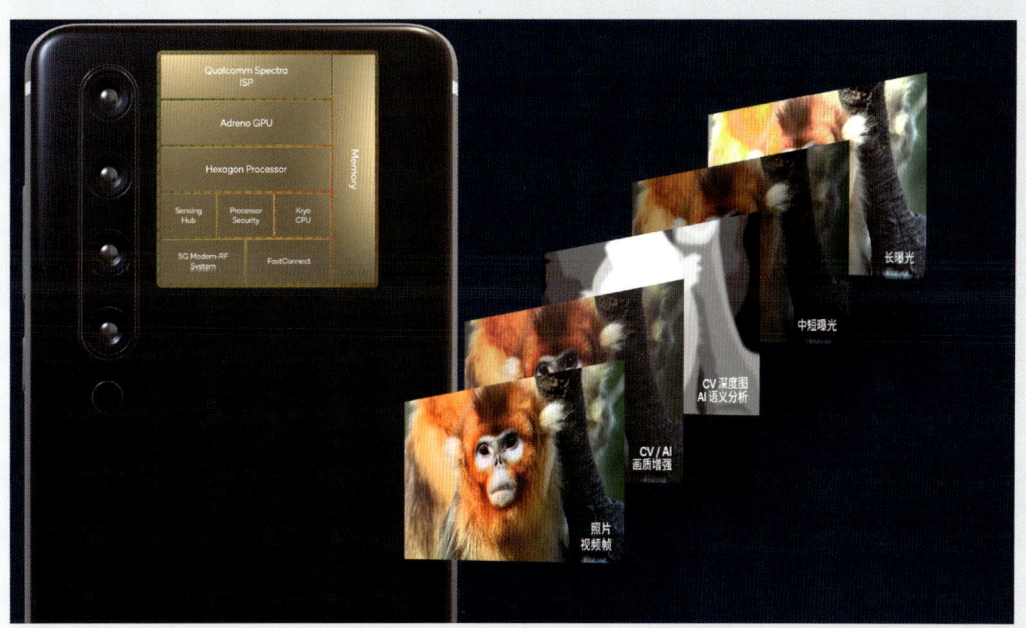

▲ 怒江峡谷察瓦龙往甲应村路上的彩虹和高山杜鹃林。孙晓东 摄

▲ 使用高通芯片手机拍摄的云南大理苍山洗马潭。孙晓东 摄

AI 场景识别技术能够自动识别拍摄场景，并针对不同场景优化拍摄参数，例如人像模式、夜景模式、美食模式等。AI 补光技术则通过算法模拟虚拟光源，在背光或低光环境下提升画面的亮度和细节表现。美颜修正技术则通过人脸识别和图像处理，实时美化人像照片，例如磨皮、瘦脸、大眼等效果。

在夜景拍摄中，多帧合成降噪技术通过连续拍摄多张照片并进行合成，有效降低了噪点，提升了夜景画面的清晰度和细节表现。8K 视频录制和 128 帧慢动作拍摄则通过强大的算力和多 ISP 协同，实现了超高分辨率和超流畅的视频拍摄体验。微距摄影和背景虚化技术则通过算法模拟大光圈镜头的虚化效果，突出主体，营造出更具艺术感的照片和视频。

高通在影像技术上的创新不止于此。例如，骁龙 8 Gen 1 平台支持 4.3GP/s 的像素处理能力，能够同时驱动三个 4800 万像素的摄像头进行 30fps 的视频拍摄。Hexagon NPU 还可以直接访问 ISP 上的原始 RAW 传感器数据，实现对 4K 60fps 视频的实时 AI 辅助增强。此外，高通还通过与索尼合作，支持全新的 HDR 传感器技术，进一步提升了动态范围和细节表现。

计算摄影的出现，不仅提升了手机摄影的画质和功能，更打破了传统摄影的局限，为影像创作带来了无限可能。随着人工智能和 5G 技术的不断发展，计算摄影将会在影像领域取得更多突破。例如，更强大的 AI 算法将实现更精准的场景识别和更自然的图像处理效果；更丰富的拍摄功能将拓展影像创作的边界；更便捷的影像分享将改变人们记录和分享生活的方式。计算摄影正在引领手机摄影进入一个全新的时代，但我在看到新技术不断突破的时候有一个明显的感觉，就是随着技术的不断进步，计算摄影将会在更多领域得到应用，包括传统摄影、医疗、通信等，为我们的影像生活带来更多惊喜。

深度学习

超微距全景深堆叠摄影

超微距全景深堆叠摄影(Super Micro Insects Photograph)是一种非常特别的摄影方法。

薛翰阳/文

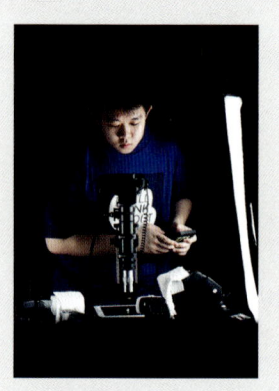

一般,我们将被摄对象在相机 CMOS 上能产生其实际大小 0.25 倍(1:4)的影像,称为"微距摄影"。比如说一只蝴蝶长 1 厘米,在 CMOS 上的图像大小为 0.25 厘米,就能被称为微距摄影。能拍这类图像的镜头也被称为微距镜头。

微距镜头成像的放大率通常在一倍或以下,例如 1:1、1:2 或 1:4。各大镜头品牌都有所谓的"百微镜头",即焦距为 100 毫米,能在 CMOS 上产生与被摄对象同样大小(1:1)图像的镜头。

如果能够将被摄对象放大一倍以上,称为超微距摄影,所采用的镜头被称为超微距镜头。现在,佳能、老蛙、中一光学等品牌都有这样的超微距镜头,能将被摄对象放大 5 倍。比如一只仅 7 毫米大的蚂蚁,在全画幅相机上成像能占满整个 CMOS。

那么,如果想拍摄更小的昆虫,获得更大的放大倍率,就要使用显微镜物镜。它们一般可以实现 5 倍至 100 倍的放大倍率,可以拍摄蝴蝶鳞片、水藻、昆虫口器、菌菇孢子等极细微的对象。对于显微镜,奥林巴斯、尼康、徕卡、三丰等品牌都有很多选择。

物镜还分为有限远物镜和无限远物镜。有限远物镜可以通过转接环,像普通镜头一样直接在相机上使用;而无限远物镜,而则需要配合使用结像镜(管镜)、与物镜焦距相对应的成像管,才能在相机的 CMOS 上获得清晰的影像。当然,如果你直接使用一台可以对接高精度相机的显微镜进行拍摄,若要进行堆叠摄影,可能需要进行一定的改装。

我们都知道,微距摄影的景深非常浅,焦点前后清晰的范围非常小,使用大倍率物镜拍摄的景深往往只有几微米。所以要获得一张完全清晰的"全景深"图像,就需要使用堆叠摄影技术。比如,我们要拍摄一只长度为 1 厘米的蚂蚁,使用景深约为 10 微米的 10 倍物镜,就要连续拍摄 100 多张稳定的、焦点逐渐从后往前变化的照片,后一张照片与前一张照片之间的焦点前进距离必须控制在 10 微米以内,以确保蚂蚁身体的所有部分都能够有清晰的片段被记录下来。

拍摄完成后,使用图像处理软件将这 100 多张照片中清晰的部分拼接起来,就能获得一张完全清晰的图像，这就是所谓的"超微距全景深堆叠摄影"。

我们还经常会遇到相对面积较大的拍摄对象，或者想获得更高的像素，也可以把它们分成若干个部分单独拍摄，每一个部分都拍摄几十甚至几百张照片进行焦点堆叠，之后再把所有局部照片拼接成一张完整的作品。这样的照片往往具有几亿甚至几十亿像素，如果放大展览，制作成边长四五米的照片都毫无问题。但是，每一张作品都是由几千甚至上万张照片拼接而成的，这意味着工作量巨大，相机、闪光灯甚至电脑因此"罢工"也是家常便饭。

当然，其中牵涉了很多具体的细节问题，诸如如何对拍摄对象进行整理、清洁，如何保持拍摄稳定，如何对厘米级甚至毫米级的拍摄对象进行布光。这些经验都需要在日复一日的拍摄和练习中逐渐摸索、总结。

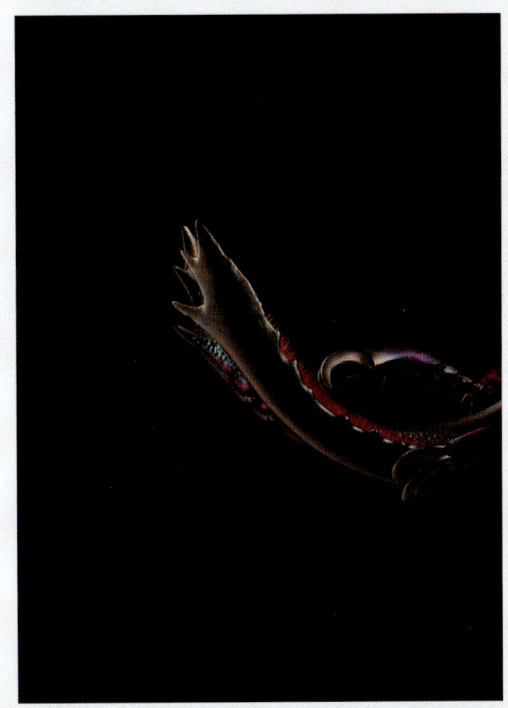 

▲ 印尼金锹（*Lamprima adolphinae*），俗称"印金"，主要分布在印度尼西亚，因其色泽丰富华丽、可爱温顺，为广大虫友所喜爱，极具人气。成虫的色系丰富多变，有绿色、金绿色、古铜色、紫色、红色、蓝色等，甚至还有混有多种颜色的个体，像彩色宝石一样，泛着迷人的光泽，非常漂亮。在印尼金锹中，"恶魔色"非常有名，这是一种紫色混着绿色，仿佛极光一般的绚丽颜色。

深度学习

与历史面对面——石窟摄影

孙志军 / 文 / 图

据国家文物局组织开展的全国石窟寺专项调查结果显示，中国共有石窟寺2155处，摩崖造像3831处，共计5986处。在佛教艺术的原乡印度、阿富汗等地，也保存着1200余处石窟。这些石窟因所处环境不同，拍摄条件也各不相同，但有一些共性的规范在拍摄时需要遵从。我们以敦煌莫高窟的拍摄为例略加展开，以期同好交流。

石窟是人类信仰的外化，所以，无论是客观再现还是艺术表现，一定要体现出其神圣性。这种神圣性在视觉上不是香烟缭绕，而是清净肃穆。

一般说来，客观再现石窟应包含全景、中景、特写等景别，让观者能够通过照片来感受石窟的空间结构和摄人心魄的细节。拍摄全景时要找出一个能够表现石窟结构特点的角度，例如莫高窟第254窟，其空间结构特点是既有来自印度支提窟的中心柱，顶部又有中国传统的人字形屋脊，这两个核心建筑结构缺一不可。另外，早期的石窟开凿了明窗用于采光，不要忽略了这一历史细节。

▲ 敦煌莫高窟第254窟南壁全景。

▲ 敦煌莫高窟第254窟——窟形。

最终，我们在拍摄莫高窟第254窟全景时，采用了自然光与人造光结合的照明方案，既体现了明窗的作用，又分离了洞窟深处的中心柱与墙壁，体现出石窟后部可环绕礼佛。莫高窟的洞窟里从顶部到地脚绘满了壁画，但它不是杂乱无章的，而是具有丰富又持续的特殊视觉逻辑的图像，这时候我们就需要以平视的角度拍摄一个壁面。低头看是满满一列孔武有力的夜叉，他们在护持着佛国的安宁；与人等高的位置画着萨埵太子本生和降魔变，教导世俗众生要有牺牲精神和坚忍不拔的品质；仰望墙面上部，那是令人向往的欢愉天宫。

▲ 敦煌莫高窟第 254 窟的夜叉。

随着视线从下至上移动，观者的心理在发生变化，壁画的教化作用得以显现。拍摄这一景别的画面，我们要注意取景时不要裁切得太紧，要保持画面边界的延伸，让观者能够联系起照片中空间的关联信息（敦煌莫高窟第 254 窟的南壁全景）。除了让人心静的洞窟空间、循循善诱的壁面经营，打动人的总是那些细节，它们或是一个姿态，或是一块斑斓的颜色，或是一处突出的肌理，这些都值得突出展现（敦煌莫高窟第 254 窟的夜叉）。

在石窟摄影的布光设计上，我坚持的原则是总体上照明均匀，高光部分有层次，阴影部分有细节。以光塑形要有主有次，即使是面对一幅二维的壁画也是如此。一个拍摄任务中最精彩部分的亮度要适度提高，次要部分则适当降低。

深度学习
计算天体摄影

乔文杰 / 文

一般在旅行和拍摄时，我们都会制定一个旅行计划，确定目的地的次序、交通方式、住宿安排、拍摄点位等。然而，对于一些有特殊需求的摄影师而言，这样简单的旅行计划远远不够。他们需要使用更加科学的方法来确定拍摄地点以及拍摄时间。我们把这种规划拍摄统称为"计算摄影"。比如，日出和日落在哪儿拍，以及何时何地拍摄星空和银河最合适。想象一下，如果一个本是拍银河的绝佳机位，你却在满月之夜到达，银河的壮丽景象往往会被月光掩盖而黯然失色……这些复杂的时空考量正是计算摄影的核心内容。

传统的摄影规划软件是有局限性的，它们有的能准确显示银河或天体的位置和方向，却无法提供地景信息或模拟地形与天象的构图。而一幅出色的风光摄影作品不仅需要壮丽的天象，更需要与之和谐呼应的地景配合。2014年发布的巧摄软件，巧妙地解决了这一痛点。通过首创的虚拟现实取景框技术，巧摄将地景元素与天象无缝整合，让摄影师能够提前模拟并预览最终画面效果。这一创新使得复杂的摄影计划变得更加直观、精确且易于执行，为摄影师提供了从构思到拍摄的全方位支持。下面，我们来看两个天体计算摄影的例子。

▲ 珠峰银河。

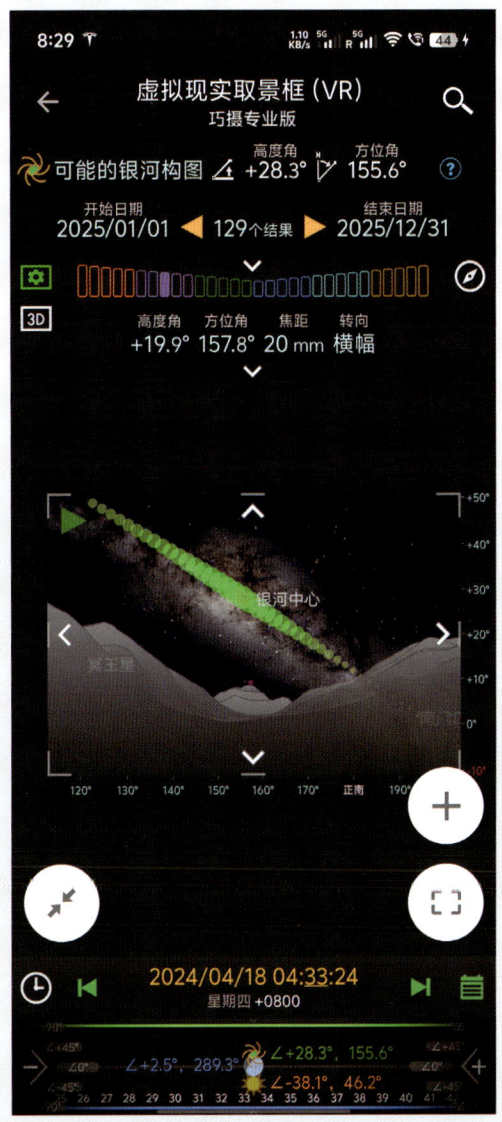 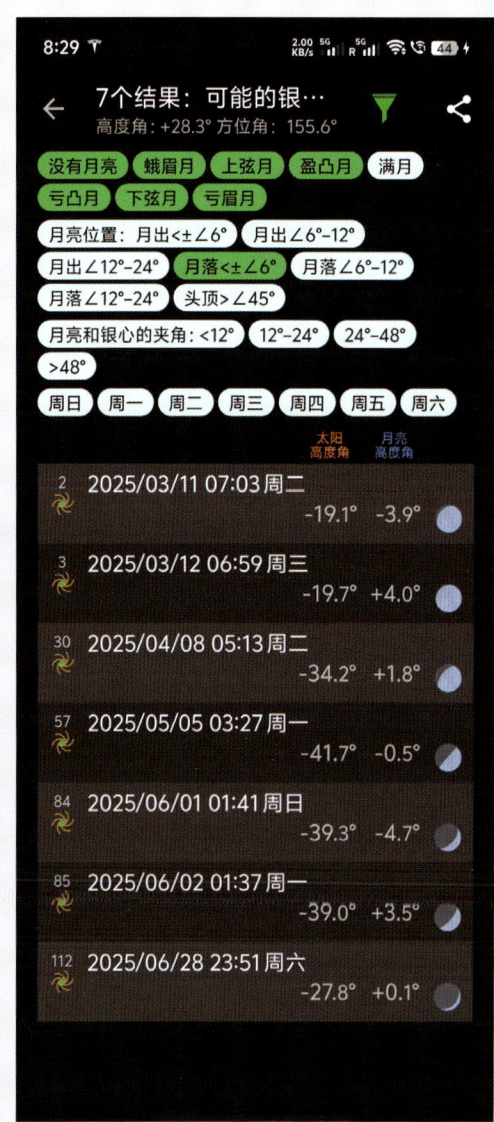

这张照片拍摄于珠峰大本营。珠峰上方有瑰丽的银河中心。每年有 130 天左右，银河中心会出现在图片中的这个位置。是不是这些天每天都可以去拍？显然不是，因为月亮会有影响。如果是满月，月明星稀，银河的效果会大打折扣，所以我们得避开满月时段。另外，珠峰是被照亮的，为什么呢？是因为我们打了手电？珠峰那么遥远庞大，即便几万瓦的灯也力不从心。其实，亮光来自身后正在下落的月亮。如果没有月亮，珠峰就是黑乎乎的。利用巧摄软件的银河搜索功能并加以过滤，很快就可以找到每年哪些天可以拍到这样的画面——如果想让银河刚好位于图中这个位置，2025 年整年仅有 7 天可拍。

环金茂大串烧（首拍）
摄影：曾诚宇
计划：乔文杰
手机应用：巧摄PlanIt
2017年5月10日

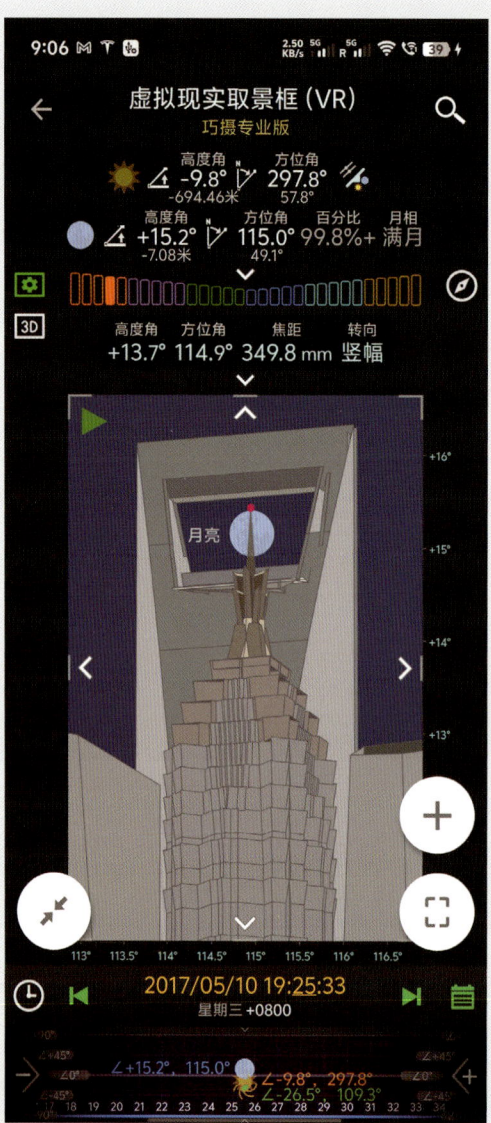

再比如这张上海环球金融中心和金茂大厦对齐，外加月亮的照片，被称为"环金茂大串烧"。这是科学摄影范畴的悬日悬月题材的经典之作。早在 2017 年 5 月 10 日，我们就在巧摄的规划下成功拍到了这张照片。大家应该好奇这张照片的拍摄难度：每年只有一次机会可以拍到这样的构图。如果考虑三者完全居中对齐，两三年才有一次绝佳机会。因为这个构图的精妙和完美，这个机位自从被发现后就从来没有被超越过。如今，这里已经非常火爆。每到三者对齐的那天，这里会有几百名摄影师挤在一起拍摄，有人甚至提前一天占机位。尽管拍到这个构图的摄影师已经很多了，依然阻止不了每位摄影师都想拥有一张属于自己的"环金茂大串烧"。

当然，巧摄的功能远远不止星空和悬月这些题材。只要是科学知识可能应用到的摄影领域，巧摄都有所涉及，比如瀑布彩虹或月虹的预测，飞机或空间站凌日、凌月，极光预测和模拟。如果你对科学摄影感兴趣，巧摄一定能够助你发挥无限创意。